〝他人の目〟が気にならなくなる
たった1つの習慣

植西　聰

JN110342

青春新書
PLAYBOOKS

はじめに

「他人の目が気にかかる」という人がいます。

「周りの人たちに自分がどう見られているか、気になってしょうがない」という人です。

そのために、やらなければならないことに集中できなくなったりします。

他人の目が気になるあまり、緊張して、実力を発揮できない人もいます。

「いつも人から見られている」というストレスから体調を崩す人もいます。

人にとって「他人の目」というものは、意外と重いプレッシャーであり、ストレスになるものなのです。


最初に断っておきたいことがあります。

「人の目が気になる」のは決して悪いことではない、ということです。

むしろ、それは人間にとって自然なことだとも言えます。

「人の目が気になる」という人は、何かしらの意味で自分自身に自信を持てないでいる人が多いようです。

たとえば、劣等感を抱えていたり、人間関係が苦手であったりします。

熱中できるものがなかったり、人生を楽しむことができていなかったりします。仕事で活躍できず、やる気を失っている場合もあります。

そのような「自信のなさ」を周りの人たちから責められているように思えてきて、一層「他人の目」が気になってくるようです。

従って、一見ハードルが高く、回り道のように思えるかもしれませんが、実は手っ取り早いのは、そのような自分自身の意識の持ち方、あるいは生き方を前向きに変えていく、ということです。

「他人の目が気になる」という人ほど、まず気にしなければならないのは「自分自身の生き方」です。

そして、自分の生き方に自信を持ち、色々なことにチャレンジしていくことを楽しみながら生きていけるようになれば、自然に、他人の目もだんだん気にならなくなっていきます。

「人の目など気にせずに、もっと楽に、自分らしく、のびのびと生きていきたい」と願う人は多いでしょう。

本書では、「他人の目が気にならなくなる方法」をアドバイスします。

植西 聰

もくじ

第1章

なぜ、気になってしまうのか？

第4章

「自分がやりたいこと」を決める

第5章

「気にならない心」のベースが見つかるヒント

第6章
世間体や常識から自由になる

第7章

“楽天的”になれる たった1つの習慣

第8章

よけいな敵をつくらないコツ

第9章

「ありのままの自分」がいちばん強い

第1章

なぜ、気になってしまうのか?

1 欠点や弱みをさらけ出すと、ずっと楽になる

人は、自分が苦手にするものや、劣等感に思っているものや、様々な「弱み」を持ちながら生きています。

それは、ある意味、人間の「自然な姿」であると言っていいでしょう。

また、自分にそのような欠点や弱みがあることを受け入れて、その「自然な姿」のまま生きていくのが、人間にとってもっとも安らかな生き方になると思います。

しかし、そのような欠点や弱みを他人から見られたくないと、隠そうとする人もいます。

そのようなタイプの人の中には、「他人の目が気になってしょうがない」という人がいます。

「この人は、私の欠点に気づいているかもしれない」

「あの人は、私に弱みがあることを察知していないだろうか？」

ということを考えながら、他人が自分をどう見ているかと気にしているのです。

とは言え、欠点や弱みのある自分の「自然な姿」を無理に隠し、他人の目を気にしてばかりいる生活は、その人にとって強いストレスになります。

そして、そのストレスが溜まってくれば、ちょっとしたことで感情的になったり、怒ったり、イライラしたり、落ち込んだりする、ということにもなります。

その結果、周りの人たちから「ああいう、すぐ感情的になる人とはつきあいにくいよね」といった悪いうわさを立てられるようにもなります。

自分の欠点や弱みを隠そうと思うのは「周りの人たちに嫌われたくない。周りの人たちから良く思われたい」という思いがあるからだと思います。

しかし、結果的には、欠点や弱みを隠そうとするストレスのために、周りの人たちから嫌われることにもなりかねません。

そうならば、初めから、無理をして欠点や弱みを隠そうとするのではなく、ありのままの自分の姿、自分の自然な姿をさらけ出して生きていくほうが賢明です。

そのほうが、ずっと楽に、のびのびと生きていけると思います。

自分の欠点や弱みを人前にさらけ出すことには、勇気がいるかもしれませんが、勇気をもってそれを実行すれば、明るい世界が開けるかもしれません。

2 「弱みを隠さない人」に、まわりは安心する

周りの人たちにとっても、「自分の弱みを隠そうとして無理をしている人」よりも、「素直に自分の弱みをさらけ出して生きている人」のほうが安心して生きていけます。

周りの人は、相手が「弱みを隠そうとして無理をしている」ということに敏感に気づくものです。

たとえば、「口ベタ」ということに劣等感を持っている人がいたとします。

しかも、その本人は、自分が口ベタという劣等感を持っているということを必死に隠そうとしているのです。

しかし、周りの人たちは、日頃のつきあいから、その人が口ベタという劣等感を持っていると薄々気づくものなのです。

ですから、その人の前では、口ベタについての話題を避けるなどして気を遣います。

そんな「気を遣う相手」は、周りの人たちにとって決して、つきあいやすい相手ではな

いでしょう。そして、本人としても「周りの人たちが自分に気を遣っている」ということがわかるので、なおさら他人の自分を見る目が気になってきます。

一方で、口ベタであっても、そんなことは気にせずに、あけっぴろげに「私、口ベタだから」と言って明るく笑うことができる人がいます。

そんな「弱みを隠さない人」とは、周りの人たちは気楽に安心してつきあっていけます。余計な気を遣わずに済むからです。

フランスの哲学者であるジョセフ・ジュベール（18～19世紀）は、**「何ら欠点を見せない人間は偽善者だ」**と述べました。

この言葉にある「何ら欠点を見せない人間」とは、言い換えれば、「自分の欠点を隠そうと無理をしている人」ということでしょう。

そして、「偽善者」とは少し強い言い方ですが、要は、「安心してつきあえない人」という意味に理解できると思います。

ジョセフ・ジュベールも、この言葉で、「欠点を無理をして隠すのではなく、それを隠さずに生きている人のほうが、安心してつきあっていける人だ」と言いたかったと思います。

そんなあけっぴろげな人とは、周りの人も気を遣わずにつきあっていけます。

3 他人の心を深読みしない

禅の言葉に、**「莫妄想《まくもうぞう》」**というものがあります。

この言葉にある「莫《まく》」とは、「やめなさい」という意味があります。

つまり、「妄想することを、やめなさい」と指摘しています。

人間は、生きているうちに、思い込みや決めつけなど、様々な妄想に取りつかれていることが多いのです。

そして、自分が心の中で勝手に作りあげたそんな妄想のために、みずから苦しんだり悲しんだりします。

この禅語は、「そのようなことは愚かなことだから、妄想することはやめなさい」という教えを示しています。

「他人の目が気になってしょうがない」という人も、実は、そのような妄想にとらわれていることが多いのです。

送ったメールにすぐに返事が来ないと、「私は、あの人から嫌われている」と思うのも、多くの場合は、妄想でしょう。

「一人でランチに行くと、職場の同僚たちから、『あの人は、人づきあいが悪い』と思われるのではないか」と心配するのも、ほとんどのケースでは、その人が作りあげた妄想だと言ってもいいのです。

そして、自分が作りあげた妄想によって、心を惑わされるのです。

ですから、そのような妄想はしないように心がけていくほうが賢明です。

そのような妄想に惑わされないための方法としては、「深読みをしない」ということが大切です。

「周りの人たちが自分をどう見ているか」「相手が自分のことをどう思うか」ということが気になる時があったとしても、周りの人たちの考えや、その相手が思っていることを、あまり深読みして想像しない、ということを心がけるのです。

そこで深読みすると、現実的ではない妄想に惑わされることになりがちなのです。

したがって、「気になることがあっても、そこで深読みせずに、軽く受け流す」ようにするほうが良いと思います。

4 自分を嫌う「たった一人」にとらわれない

たとえば、十人の同僚がいたとします。

その中の九人は、自分のことに好感を持ち仲良くつきあってくれているのです。

しかし、その中の一人だけ、どうも自分のことを気に入らないと思っているような相手がいるのです。

すると、その自分を嫌っているたった一人のことだけが気になり始めます。

「なぜ私を嫌うのだろう？　あの人に何か悪いことをしたのだろうか」と。

そのために思い悩み、やらなければならないことに集中できなくなります。ぼんやりと物思いにふけるようになってしまいます。

心理学には、「**とらわれ**」という言葉があります。あることに意識がとらわれると、そこから意識がなかなか離れなくなる傾向が、人間心理にはあるのです。

この場合、「**自分を嫌っている様子の、たった一人の人」にいったん意識がとらわれると、**

いつまでもその人のことばかりが気にかかるようになるのです。

このような場合には、意識して周囲の状況をよく見回してみることが大切です。

そうすれば他の九人の同僚たちはみんな自分のことを好きでいてくれることがわかるはずです。

そして、自分のことを嫌っている様子のたった一人の人に意識をとらわれているよりも、自分を好きでいてくれる他の九人との関係を大切にしていこう、と気持ちを上手に切り替えることもできます。

ある芸能人には、こんな経験があるそうです。

人気がありましたから、たくさんの仲間が彼のことを好きでした。

しかし、一部の人たちは彼を嫌って、ネットで悪口を書いたりもしていました。

自分を嫌っている人の存在を知ってからは、彼はその一部の人たちに意識をとらわれて落ち込んでばかりいました。

そんな時、信頼していたある人から、「周りをよく見てみなさい。あなたに好感を持ってくれている人のほうが、ずっとたくさんいる」と、アドバイスされたのです。

彼は、そのアドバイスで気持ちを切り替えられ、立ち直ることができたのです。

5 相性の良くない相手とは「少しの距離」を

「苦手なタイプ」「相性が悪い相手」とは、ある程度、距離を置いてつきあっていくのが人間関係のコツです。

しかし、距離を置くことで、相手から「冷たい人間だ」「よそよそしい人だ」と見なされないか、ということを必要以上に気にする人がいます。

そして、その「苦手なタイプ」と無理をしてまで仲良くしようと努力します。

しかし、大事なのは、自分が苦手だと感じる相手も、恐らく自分を苦手なタイプだと思っている、ということです。

そして、**お互いに苦手意識を持つ者同士の人間関係は、ともすると、誤解が生じやすいのです。**

たとえば、自分が親切心でやることを相手が誤解をして、「何か下心があるのではないか」と考えたりします。

また、相手からされることを、まったくの誤解で、「なんて意地悪なことをするんだろう」と考えることもあります。

ですから、苦手な人と無理をして仲良くなろうとすると、とかく、このような誤解が生じて、かえって人間関係をこじらせる結果になりやすいのです。

そして、そのために相手との関係に一層悩むことにもなります。

従って、人間関係でよけいなトラブルを抱え込まないという意味においても、苦手な相手と少し距離を置いてつきあっていくというのが良いと思います。

距離を置くことで、「冷たい人間だ」「よそよそしい人だ」と見なされないかと心配する必要もありません。

それは自分のためでもあり、また、相手のためでもあるのです。

もちろん完全につきあいをしない、という意味ではありません。

その苦手な相手が同じ職場で働くような関係にある場合は、それなりにコミュニケーションを取っていく必要も出てきます。

ただし、よけいな感情を交えることなく、事務的に、たんたんとコミュニケーションを取っていけばいいのです。

6 「良く見せたい」より「ありのまま」

「虚栄心」が強い人がいます。

「自分という人間をより良く見せたい」という気持ちが強い人です。

裏を返せば、このタイプの人は、普段から「周りの人たちから自分がどう見られているか」ということをとても気にしています。

周りの人たちが自分のことを「あの人はすごい」「あの人はすばらしい」「憧れる存在だ」といったような目で見ている時には、このタイプの人は虚栄心が満たされて満足です。

しかし、実際にはそうならない場合がほとんどです。

ありのままの自分の姿を、周りの人たちから評価されるのならいいのです。

しかし、虚栄心が強い人というのは、ともすると、実際の自分以上の自分を演じて、その姿を周りの人たちにアピールしようとします。

たとえば、仕事の能力がそれほどでもないのに、いかにも「私は仕事ができるんです」

といった振る舞いの仕方をします。

実際には、それほどお金を持っていないのに、「私はすごいお金持ちです」といったことを言いふらしたりします。

そのようにして「私はすごい」ということをアピールするのですが、残念ながら周りの人たちは「見栄を張っているだけだ」ということを見抜いています。

ですから、周りの人たちは、そんな虚栄心が強い人を「実際には大したことのない人だ」「口先だけの人だ」といった目で見るのです。

虚栄心が強い人には、そのような軽蔑の眼差しが向けられやすいので、その本人とすれば欲求不満が溜まっていくばかりなのです。

そのようにして苦しんだり悩んだりすることになるくらいだったら、むしろ、そんなつまらない虚栄心や見栄といったものは捨て去るほうが良いと思います。

「自分の良いところを見せたい」と思うよりも、「ありのままの姿で自然に生きる」ということを優先して考えるようにするのです。

そうすれば精神的にずっと楽になり、周りの人たちの目を気にし、また、周りの人たちの目に振り回されて苦しむこともなくなります。

7 「妄想」の劣等感に苦しむ人もいる

人が持つ劣等感やコンプレックスには、次の二種類のものがあります。

①人の抽象観念から生まれるもの

②人との比較から生じるもの

まず「抽象的な意味での劣等感」です。

実は、劣等感と言っても、何か具体的な形のものではなく、抽象的な形での劣等感に悩んでいる人も少なくはありません。たとえば、

「私って、ダメな人間だなあ。どうして、こんなにダメなんだろう」

といった劣等感です。

この「私はダメ」というのがログセになっている人もいます。

「ダメ」とは言っても、「どこが、どのようにダメなのか」という具体性はないのです。

いわば抽象的な形で「自分はダメ」と思い込んでいるのです。

仕事などで特別悪い実績しかあげられないだとか、周りの人たちに迷惑をかけている、という事実もありません。

仕事も人間関係もそれなりに順調なのです。

そうであるにも関わらず、「私っていう人間は、なんてダメなんだろう」という劣等感を抱いています。

そして、「周りの人たちも、こんな私をダメな人間だと見なしているのではないか」と、他人の目を気にしてばかりいます。

このような抽象的な形での劣等感は、その人が頭の中で作りあげている「妄想」と言ってもいいでしょう。

こういうケースでまず大切なのは、**本人がまず、自分がコンプレックスとしていることは、何の根拠もない、ただの妄想にすぎない、ということに気づくことです。**

それに「気づく」ということが、その劣等感から逃れるきっかけになるのです。

言い換えれば、気づかないでいる限り、妄想にすぎない劣等感に振り回され、他人の目を気にしては気を揉《も》むということを続けなければなりません。

「気づく」ためには、自分自身をよく顧《かえり》みる必要があります。

8 劣等感は目標に向かっている証

オーストリアの精神科医であり心理学者だった人物に、アルフレッド・アドラー（19～20世紀）がいます。彼は、

「人間とはある目標を追求して生きていくものである」

という意味のことを述べました。目標を持ち、その目標の実現のために努力していくのは、人間の特徴的な生き方である、というのです。

一方で、アドラーは、

「人間は目標を追求して生きているからこそ、劣等感がある」

とも指摘しています。

たとえば、「自分で事業を始めて成功する」ということを、人生の目標にしている人がいたとします。

そして、その目標の実現を目指して努力していれば、自分よりも先に成功をつかみ取っ

た人を見て羨《うらや》ましいと思い、その相手と自分を見比べて、「私の能力は劣っている」といった劣等感を抱きます。

また、その相手から自分が見下されているように思えてきて、一層その劣等感に苦しむことにもなります。

そのようにして、どのようなことであれ、ある目標の実現を目指してがんばっている人は、必然的に、自分よりも先を行っている人、自分よりもすぐれた人、自分よりも幸せそうな人と自分を見比べて、劣等感に苦しむことになるのです。

しかし、それは言い換えれば、自分がすばらしい目標に向かって、一生懸命に生きている証でもあるのです。

そういう意味から言えば、「劣等感を持つことは、決して悪いことではない」というのが、アドラーの考え方なのです。

もし劣等感がないと言う人がいるとすれば、それは「人生の目標」を何も持たずに生きていることになるからです。

人の目を気にして、劣等感に悩んでいる人は、このアドラーの考え方から勇気を与えられるのではないでしょうか。

9 「大切なもの」のために開き直る

人のことを、「あなたはどうせ、こういう人なんだろう」と先入観から決めつけることを、心理学で「属性付与」と言います。

この属性付与についてアドラーが次のような意味のことを述べています。

「他人からの属性付与を受け入れる必要はない。誰かが何と言おうと、『私はそういう人間ではない。私はこういう人間だ』と信じ行動すればいい。人の言葉に合わせたり、人の言葉に合わせるために生きてはいけない」

要は、他人から、先入観から「あなたは、どうせ、こんな人なんだろう」と決めつけられることがあっても、自分としては毅然と「私は違う」ということを行動で示していくことが大切だ、ということです。

また、「人の言葉に合わせたり、人の言葉に合わせるために生きてはいけない」とは、言い換えれば、その勝手な決めつけに対して、「他の人たちも、みんなそう思っているのだろうか」などと動揺することはない、ということを指摘していると思います。

職場や、あるいは友人たちの人間関係の中で、誰かから「あなたって、こういう人だよね」と決めつけられることは決して珍しいことではありません。

また、それは事実ではなく、その人の先入観にすぎない場合がほとんどなのです。

しかし、それにもかかわらず、「あなたって、こういう人」と決めつけられた人は動揺し、他の人の目が気になるようになります。

しかし、そんな決めつけの言葉に合わせて動揺することはないのです。

それは自分の人生にとって「時間の無駄」になるだけでしょう。

やらなければならない、もっと大切なことがあるはずです。

その「大切なこと」に集中するために、ある意味、「他人から先入観で何か決めつけられることがあっても、そんなこと気にしなくていい」と、上手に開き直ってしまうのが賢明です。

そのほうが、ずっと有意義で生産的な人生を生きていけると思います。

このアドラーの言葉も、そういう意味で、上手に開き直ることを勧めていると思います。

つまり、自分の人生を有意義なものにすることを勧めているのです。

第2章

受け入れると自分もまわりも楽になる

1 強みに変えれば気にならなくなる

人は誰でも「隠したい自分」というものを持っています。

その「隠したい自分」とは、その人がコンプレックスに感じている部分です。

その人が、「これが自分の欠点であり、弱みだ」と感じている部分です。

心理学では、そのような「隠したい自分」を**「シャドウ」**と呼んでいます。いわば「自分の影」です。

人は、周りの人たちの目を気にし、そんな「自分の影」の部分を隠そうとします。

しかし、人間である限り、自分の足元には必ず「影」があります。そして「影」を隠そうとしても、他人はそこに「影」があることに必ず気づきます。

つまり自分の欠点や弱みというものは、自分が人間である限り自分につきまとってくるものであり、それをいくら隠そうとしても必ず周りの人たちに見つけられるものなのです。

そうならば、そんな欠点や弱みを無理をして隠そうとするのではなく、むしろそれを自分の人生に役立てていく方法を考えるほうがいいと思います。

いわば、自分の弱みを強みに変えるのです。また、それは十分に可能です。

医学の研究分野で大きな成果を上げた研究者がいます。

彼が大学の医学部の学生だった時、当初は、外科医を目指していました。

しかし、作業が遅く、周りの人たちから迷惑がられていたと言います。

「作業が遅い」ということが、彼の弱み、つまり「シャドウ」でした。

しかし、その弱みは、実は、彼の「強み」でもあったのです。

作業が遅いということは、その分、よく考えながら物事をていねいに進めていく、という彼の性格を表すものでもありました。

後に、医療の現場での仕事ではなく、医学の研究の分野へ進んだ際、この「よく考えながら物事をていねいに進めていく」という彼の性格が強い武器になりました。

その結果、ある医学的な大きな発見をすることができたのです。

このように、人の弱みというものは、その人の強みに変換できます。

それを知れば、弱みがあるからといって、他人の目を気にすることもなくなるでしょう。

その弱みを強みに変えていく方法を考えることに専念すればいいのです。

2 長所を改めて意識する

劣等感に思い悩み、他人が自分をどのように見ているのかを気にして生きている人がいます。このようなタイプの人は、自分が劣っている部分にのみ意識が向かい、自分の長所、すぐれた点に意識が向いていない場合があります。

そのために一層、自分が持つ劣等感に意識がとらわれているのです。

確かに人には欠点があるのかもしれません。

それと同時に、長所も必ずあるのです。

その長所へ意識を向けることで、短所のほうが気にならなくなります。

ネガティブな意味で、他人の目が気になる、ということもなくなると思います。

左ばかりを向いていた顔を、右に向けてみるのです。そうすれば、そこに必ず長所があるのです。

自分にも長所があることを強く意識するために、「書き出す」という方法もあります。

自分のいいところを改めて考え直してみて、紙に書き出してみるのです。

その際のコツの一つは、**「誰かにほめられた経験を思い出す」**ということです。

子供の頃からたどって今まで、誰かにほめられたということが何度かあると思います。

母親から「あなたはユニークな発想をする子供ね」だとか、友人から「君って、我慢強い性格だよね」と、ほめられたという経験です。

そのような経験を思い出しながら、紙に、

「私はユニークな発想ができる人間だ。この長所を生かして、これからはどんどん企画書を書いて、上司に提出しよう」

「私は、こう見えて、我慢強い性格である。忍耐強く物事を進めていけば、今後、自分の人生にはすばらしい瞬間が訪れるだろう」といったように書き出すのです。

そうすることで、自分の長所へ意識が向き、また、その長所を生かして夢を実願しようという意欲も生まれます。

そんな前向きな意欲が生まれれば、自分の短所ばかりに意識が向くこともなくなり、それに伴って、周りの人たちの自分を見る目も気にならなくなります。

楽に、楽しく、前向きに生きていけるようになるでしょう。

3 周りの人と違うのは「個性的」ということ

自分と、周りを比較することで生まれる劣等感があります。

たとえば、「周りの人たちはたくさん友達がいるのに、自分には少ない」ということに気づいたとします。

すると、「人づきあいが下手だからだろうか。自分の性格が悪いからだろうか」ということが気になるようになります。

その結果、だんだんと劣等感を覚えるようになります。

周りの人たちが自分をどう見ているか、ということも気になって仕方がなくなります。

しかし、よく考えてみれば、「周りの人たちに比べて友達が少ない」ということは、決して劣等感を持つようなことではないのです。たとえば、

「友達が少ないから、一人一人の友達と深いつきあいができる。自分は友達を増やすよりも、真の親友との関係を大切にする人間だ」

「私は国家資格を取るために今、全力を傾けている。そのために友達とつきあう時間がなかなか取れない。しかし今の自分にとっては、夢を実現することが最優先だ」

といった考え方をすることもできます。

つまり、「友人が少ない」ということは「劣っている」ということではないのです。

問題は、そこで、友達が少ないのは「人づきあいが下手だから」とか、「性格が悪いから」といったようにネガティブな考え方をするところにあります。

ネガティブな考え方をするから、それが劣等感になるのです。

人は、自分自身と周りの人たちとを比較することがよくあります。

「比較する」ということ自体は、必ずしも悪いことではありません。それが、「自分とはどのような個性を持った人間か」を知るきっかけになる場合もあるからです。

しかし、そこでネガティブな考え方を持つことはいいことではありません。

「周りの人と違っている」＝「周りの人と比べて劣っている」ということではないのです。

「周りの人と違っている」＝「周りの人と比べて、いい意味で個性的である」というように理解することもできるのです。

そう理解できれば、他人の目も気にならなくなり、気持ちも楽になります。

4 価値観は人それぞれ

次のような話があります。ある若い女性は、「周りの人たちに比べて太っている」ということに劣等感を抱いていました。

そして、「太っている自分はモテないだろう。素敵な恋人はできないだろう。女子たちも、太っている自分を心の中ではバカにしているだろう」と考えていました。

そして、どこへ行っても、周りの人たちの自分を見る目が気になってしょうがない、という生活を送っていました。

しかし、そんな彼女に、「あなたのことが好きです。つきあってほしい」と言ってくる素敵な男性が現れました。

「太っている自分には、素敵な恋人はできない」と思い込んでいた彼女にとっては、それは驚きの出来事でした。

信じられない気持ちから、彼女は「どうして自分を好きになったのか」と聞いてみました。

すると、「ぽっちゃりしている人は、明るい人が多い。あなたもとても明るいから」という答えだったのです。

彼女は、その言葉を聞いて、それまでの思い込みが間違っていたと気づいたと言います。

そして、それまでの価値観が１８０度転換したのです。

彼女は、その男性とつきあい始め、今は幸せに暮らしています。

もちろん周りの人たちの自分を見る目も気にならなくなりました。

むしろ、太っている自分を誇らしく感じるようになりました。

人の価値観というのは、人それぞれなのです。

この男性のように「ぽっちゃりした女性が好きだ」という人もいます。

それなのに「太っているからモテない」と考えるのは、その人の思い込みにすぎません。

自分から勝手に「思い込み」、その劣等感に悩んでいる人もいるかもしれません。

その人は、その「思い込み」が適切ではないということを理解するほうがいいでしょう。

5 「自慢話」では隠せない

自慢話の裏に、「劣等感を隠したい」という気持ちが潜んでいる場合があります。

たとえば、ある会社に、自分の家柄の良さ、また、家の財力を自慢することが好きな若い男性がいました。

同僚たちに向かって、彼は、「私が生まれ育った家は、元をただせば公家から分かれた家柄で、実家はすごい豪邸だ。お金もたくさんある」ということをよく自慢していたのです。

しかし、そんな彼の心には、実は「上司に叱られてばかりいる」という劣等感があったのです。

そして、その劣等感から、「周りの人たちは、仕事で活躍できない自分をバカにしているに違いない。上司に叱られてばかりいるオレを軽蔑しているだろう」と気にしていました。

彼がいい家柄の出身で、しかも実家がお金持ちであることも本当の話だったのですが、ただ、彼がそのことをことさら強調して自慢するのは、実は、その裏にこのような劣等感があったからです。

しかし、いくら家柄のことや、実家の財産のことを自慢しても、「仕事で活躍できない。上司に叱られてばかりいる」という劣等感から逃れることはできないでしょう。

むしろ、自分自身で惨めに思えてくるだけではないでしょうか。

また、周りの人たちにも、「ろくに仕事もできないくせに、家柄や財産のことばかり鼻にかけて自慢している嫌な人間だ」と、悪い印象を与えるだけではないでしょうか。

そういう意味で言えば、何かを自慢することで、劣等感に思っていることを隠そうとするのは、かえって逆効果だと言えるでしょう。

このケースで、「仕事で活躍できない。上司に叱られてばかりいる」ということが劣等感であるならば、やはり、仕事でがんばっていい実績をあげ、その劣等感を克服していくしかないと思います。幸いに「仕事ができない」といった種類の劣等感であれば、がんばればいくらでも克服できます。

自分の過去に関する劣等感や、体についての劣等感は、自分で努力しても克服できない場合もありますが、そういう意味から言えば、むしろ幸いだとも言えます。

そして、それを克服すれば、周りの人の目も気にならなくなるでしょう。

6

欠点は長所でもある

ユダヤの格言に、

「人間の長所は欠点があるということである」

というものがあります。「欠点がある」ということが、そのままその人の「長所になる」というのです。

一見矛盾していることを言っているようですが、ちゃんとした理由もあるのです。

その一つには、「謙虚になれる」ということです。もしも何一つ欠点がなく、長所ばかりの人がいたとしたら、その人はどう思うでしょう。

「自分ほどすごい人間はいない。そんな私と比べたら、周りはみんな愚かな人たちばかりだ」という、ひどく思い上がった感情を抱くことになるのではないでしょうか。

そして、周りの人たちからは、「あんな生意気な人間はいない。なんて偉そうなんだ」と反感を抱かれるようになるでしょう。

そういう意味では、「欠点がある」という人は違います。

謙虚な気持ちで「私は大した人間ではない」と考え、「そんな私が幸福な人生をつかむためには、地道にコツコツ努力していくしかない」と考えます。

そして、実際に、その人は、より良い人生を目指して謙虚に、地道に努力していくことができるのです。周りの人たちからは、尊敬され慕われます。

そのような意味で「欠点がある」ということは、その人にとって決して悪いことではないのです。

そして、そのように「欠点がある」ということをポジティブな意味でとらえ直すことができれば、もはや「欠点がある」ということで周りの人たちの目が気になるということもなくなるのではないでしょうか。

ただし、これには条件があります。

「欠点がある」ということをネガティブに考えてはいけない、ということです。

「欠点があるから、自分は夢を実現できない」「欠点のために、自分の人生はうまくいかない」と、ネガティブに考えると、謙虚に努力していこうという意欲も失われます。

あくまでも「欠点がある」ということをポジティブに考えることが大切です。

7

コンプレックスが「ハングリー精神」を強くする

「ハングリー精神」という言葉があります。

この言葉には、「成功することや、幸せになることに強い渇望《かつぼう》があり、そのためにたゆまぬ努力を続けていく精神性」という意味があります。

実際に、成功や、幸せな人生をつかみ取るには、この精神を持つことが重要だと言われています。

人が持つ劣等感を、このハングリー精神を強めることに役立てることができます。

成功するお笑い芸人には、ある共通点があると言います。

それは、

- 生まれた家が貧乏であること。
- 学校での成績が悪かったこと。

・十代の頃に異性にモテなかったこと。

つまり、そのようなことが、その人にとって強い劣等感になるのですが、そんな劣等感があるからこそ、

「生まれた家が貧乏だったからこそ、一生懸命にがんばって金持ちになってやる」

「学校の成績が悪かったからこそ、そんな学校の成績なんて関係のない世界で、がんばって成功するんだ」

「貧乏で、成績も悪かったから、モテなかった。しかし、だからこそ大人になったら成功して、モテたい」

と、そんなハングリー精神がムラムラとわき立ってくるのです。

ある意味、劣等感があることがその人を成功に導いていく、ということでもあるのです。

そういう意味では、「劣等感がある」ということを否定的に考えることはまったくないのです。

お笑い芸人の世界だけではなく、一般のビジネスの世界でも、その他の分野でも、この

ように「劣等感があること」を「ハングリー精神」を強めていくためのエネルギーにして、成功や幸福を実現することは可能だと思います。

劣等感を、そのようにハングリー精神のエネルギー源にできれば、劣等感のために他人の目が気になることもなくなるでしょう。

第3章

〝気になるあの人〟との上手な距離の置き方

1 ベタベタよりあっさりがいい

古代中国の思想家である荘子（紀元前4～3世紀）の言葉に、

「君子の交わりは淡《あわ》きこと水の如《ごと》し、小人《しょうじん》の交わりは甘きこと醴《れい》の如し」

というものがあります。

この言葉にある「君子の交わり」とは、「賢明な人の人間関係」ということです。「淡き水の如し」とは、「少し距離を置いた、水のようにあっさりとした関係である」ということです。

つまり、「賢明な人は、他人とは少し距離を置いてつきあっていく。賢明な人は、水のように、あっさりとした人間関係を好む」ということを指摘しています。

一方で、「小人」とは、「愚かな人」という意味です。

「醴」とは「甘い蜜《みつ》」のことですが、これは水とは違いベタベタとしています。

つまり、「愚かな人というのは、甘い蜜のように、ベタベタとした人間関係を好むことが多い」ということを述べているのです。

人とベタベタとつきあっていくと、お互いにだんだんと、相手のプライベートの領域に平気で足を踏み込んだり、相手の嫌がることをやるようになります。

ですから、人間関係でよけいなトラブルを起こさず、お互いに気持ちよく相手とつきあっていくためには、少し距離を置いくほうが良いと思います。

「ベタベタの人間関係」よりも「あっさりとした人間関係」のほうが、お互いに安心してつきあっていけるのです。

「距離を置く」とは、決して「冷淡《れいたん》」ということではありません。お互いに気持ちよく、安心してつきあっていける、ちょうどいい距離感を保っていくということです。

また、それが、相手から自分がどう見られているか気にしすぎて、相手の言動に振り回されることを避けるコツにもなります。

特に、相性が悪い相手、「この人はちょっと苦手だな」と感じるような相手とは、この「淡きこと水の如し」というつきあい方を心がけるといいでしょう。

いい距離感を保てば、相性が悪い相手とも、気持ちよくつきあっていけるでしょう。

2 「相性が悪い」と「嫌い」は違う

「あの人とは相性が悪い」ということと、「あの人が嫌いだ」ということは本来、別のものです。

しかし、人は、往々にして、これをゴチャゴチャに混同させることがあります。「あの人とは相性が悪いから、私はあの人が嫌いだ」といったようにです。

「相性が悪い」のは、ある意味、客観的な事実なのでしょう。

とはいえ、「嫌い」というのは、その人の個人的な感情です。

客観的事実に、あまり個人的な感情を混ぜ込まないほうが賢明です。

それが相性の悪い相手との人間関係を悪化させる原因になりやすいからです。

また、その相性の悪い相手が自分をどう見ているのかを気にするあまり、自分自身が精神的に振り回される原因にもなるからです。

映画評論家として活躍した人物に、淀川長治《よどがわながはる》がいました。

彼は日本の俳優や女優はもちろんのことですが、世界中の映画スターたちにもインタビューをしました。

淀川長治は、「**私はいまだかつて嫌いな人に会ったことがない**」と述べました。

彼も人間ですから、数百人の人と会う中には、「この人とは相性が悪い。こういうタイプの人は苦手だ」と思うこともあったでしょう。

しかし、それにも関わらず、彼は、「嫌いな人に会ったことがない」と言ったのです。

それは、彼が「この人とは相性が悪い」ということと、「この人が嫌いだ」ということを明確に区別して、混同していなかった証だったと言えます。

しかも、「**相性の悪い相手であっても好きになる方法もある**」と彼は言いました。

それは、「相手の長所を見つける」ということです。

たとえ相性が悪い相手であっても、「この人には、こんなすばらしい面がある、ということを発見すれば、その相手のことが好きになる」というのです。

これも、「他人の目が気にならなくなる」ためのコツの一つになるでしょう。

3 相手は変わってくれない

「自分とは性格が違う」という理由だけで、その相手のことが気になってしょうがなくなる、ということがあると思います。

ある女性には、職場に自分とはまったく性格が違う同僚がいます。

彼女はどちらかというとせっかちな性格で、何をやるにもスピーディにテキパキとするタイプです。

一方で、その同僚というのはのんびりタイプで、何をするにもゆっくりなのです。

そんなせっかちタイプの彼女は、その同僚のゆっくりした様子を見ているだけでイライラしてくると言います。

また、その同僚が「何をそんなに焦《あせ》っているの」と、自分を非難するような目つきで見ているような気がしてきて、一層イライラが募《つの》ってくるのです。

そのイライラが爆発して、つい、その同僚に「もっとテキパキできないの」と嫌味を言う時もあります。そのために人間関係がギクシャクしてくることもあります。

このケースの他にも、「情熱的な人」と「いつもクールな人」、「行動的な人」と「何事にも慎重な人」など、いろいろなパターンで「自分とは性格が違う相手」にイライラさせられたり、腹立たしい思いをさせられたりしている、という人はいるのではないでしょうか。

また、そんな「自分とは性格が違う相手」が、自分を非難するような目つきで見ているような気がしてしょうがない、という人もいるでしょう。

「自分とは性格が違う相手」とのつきあい方で大切なのは、「相手を変えようと思わない」ということです。

相手に「その性格を変えてほしい」と思っても、人の性格はそう簡単に変えられるものではありません。

それなのに、強く「変わってほしい」と願えば、「一向に変わらない相手」に一層イライラが募っていくばかりなのです。

それよりも「自分の態度や意識を変える」ほうが賢明です。

その「性格が違う相手」から少し距離を置いて振り回されないように心がけるのです。

4 「断捨離」でつきあっていく

「断捨離《だんしゃり》」という言葉があります。

「執着するものを断《た》ち、捨て、離れる」という意味を表す言葉です。

これは相性が合わない人とのつきあい方を考える上でも参考になると思います。

二番目の**「捨」**とは、相性が合わない人、性格が異なる相手に対して、多くの人が持ちがちな「あの人に、性格を変えてほしい」という願いを捨てる、ということです。

また、**「離」**とは、その相性が合わない人、性格が異なる相手とは、少し離れて、適度な距離を置いてつきあっていく、ということです。

この場合、「離」には二つの意味があります。

一つには、物理的に離れる、のです。

もちろん何か用事がある時には近づいて話をすることもあると思いますが、必要がない時には物理的にその相手にあえて近づく必要もないでしょう。

相手の存在がすぐ近くにあると、それだけで感情的になってくるということもありますから、物理的に少し離れているというのも、ある意味、相性が合わない人、性格が異なる相手と穏便につきあっていくコツです。

そして、もう一つには、精神的な意味での「離」です。

無理に、その相手と仲良くなろうとは思わず、また、感情的になることもなく、精神的な意味で少し離れてつきあっていくのです。

最後に、**「断」**です。

これは、そもそも「あの人とは相性が悪い」だとか「自分とは性格が違う」と考えること自体を「断つ」、すなわち、そんなことは考えない、ということです。

相性とか性格といったことを気にするのではなく、「この人も自分と同じ人間だ」という広い視野に立って、その相手のことを考えるようにするのです。

そうすることで、その人への苦手意識がなくなります。

それで、相性が悪い相手、性格が違う相手が自分をどう見ているのかということが気にならなくなると思います。

5 チョッカイを出す人と、どうつきあうか

「憎しみを感じる相手から、自分がどう思われているかが気になってしょうがない……」ということがあります。


ある女性には、次のような経験があると言います。

彼女には、素敵な彼がいました。

その彼に、女友達の一人がチョッカイを出すというのです。

彼女が見ている前で、妙に馴《な》れ馴れしい話し方をします。

まるで彼女に見せつけるかのようなのです。

その彼は、とても誠実な人ですから、彼女に隠れてその女友達と浮気をすることはないのです。しかし、それにしても、自分の彼に色々とチョッカイを出してくるので憎しみを持たずにはいられないのです。

その憎しみから、気持ちもイライラしてきます。

また、その女友達が、自分のことをいったいどういう思いを持って見ているのかも気になってしょうがないのです。

そのストレスのため、彼女は体調も悪くなっている、とも言います。


女性同士の人間関係では、時に、自分の恋人をめぐって、このような構図ができあがることがあるようです。

このような場合も、大切なのは「**距離を置く**」ということだと思います。

憎しみからイライラしてくるなら、その女友達と少し距離を置いてつきあっていくようにするほうがいいでしょう。

また、彼にも相談して、その女友達と少し距離を置いてくれるように頼むのがいいのではないでしょうか。

そのようにして距離を置くことで、その女友達から自分がどう見られているかも気にかからなくなります。

そして、自分自身の気持ちも休まると思います。

6 ストレスになる集団から距離を置く

女性は男性よりも一般的に「集団志向」が強いと言われています。

何であれ「みんなで一緒でいる」ということが好きなのです。

ですから、女性は一般的に、どこかに遊びに行く時も、友人と連れ立って行きます。

職場でも、たとえばランチに行く時には、女性の同僚同士で一緒に行くということがよくあります。

「ママ友」という言葉もあります。

もちろん、女性同士で仲良くすることは良いことだと思います。

女性同士で楽しく語らうことは、本人たちにとってはいい気分転換になるからです。

ただし、一方で、女性同士の集団の中で、「自分は周りの人たちにどう見られているのか、どう思われているのか……が気にかかる」という声もよく聞きます。

そこには、「集団の中で仲間外れにされたくない」という気持ちが働いているのでしょう。

そして、中には、そのようにして周りの人たちの目が気になって、それが強いストレスになっている……という人もいます。

「女性同士の集まりが楽しい」というのであればいいのです。

しかし、「女性同士の集まりがストレスになる」というのであれば、その集まりとの関わり方を考え直すほうがいいと思います。

もっとも良いのは、その集まりと少し距離を置くことです。

これまでは毎日のように集まっておしゃべりをしていたというのであれば、これからは週に二日にするとか、週に一日にするとか、回数を減らします。

その際、「あの人は最近、つきあいが悪い」と、うわさを立てられるようなことを、あまり気にしないほうがいいでしょう。それを気にして、嫌な気持ちを引きずってその集まりに参加して、ますますストレスを溜め込んでしまうよりもずっといいはずです。

自分にとって一番大切なのは「人とのつきあい」ではなく、「自分の心と体の健康」だと思います。

ストレスがどんどん溜まっていけば、一番大切な自分の心と体の健康を害することにもなりかねないのです。

7 距離を取ったほうがいい関係

嫁《よめ》と姑《しゅうとめ》は、お互いに、「自分が相手からどう見られているか気になる」という思いが強いようです。

お嫁さんは、もちろん、お姑さんから自分がどう見られているか気にかかります。

自分の実の母親であれば、自分がどう見られているかなど気にかからないと思いますが、夫の母親となると話が変わってきます。

「気に入られたい」という気持ちが強いからです。

「気に入られたい」という気持ちが強いからこそ、「自分がどう見られているか」ということが気になってしょうがないのです。

これは、お姑さんも同じです。

「口うるさい姑だと思われたくない。やさしい姑だと思われたい」という気持ちがあります。

そのために、「自分がどう見られているか」ということが気になります。

そして、中には、それがストレスになる人もいるようです。

ストレスが溜まると、人には、悪い考え方をするようになるという心理傾向があります。

つまり、「私は嫌われているのではないか」「きっと私のことを良く思っていないに違いない」といったことを考えるようになるのです。

そして、そのために、ちょっとしたことで感情的なことを言い、関係が険悪なものになる場合もあるようです。

そういう意味では、関係がストレスになるという時には、お互いに少し距離を置くようにするという方法もあるのではないでしょうか。

別居している場合は会う回数を減らしたり、同居している場合であっても、お互いにプライベートの領域に立ち入らないように注意する、といったことです。

そのように距離を置くことで、お互いに気持ちよく、仲良くつきあっていけるのであれば、むしろそのほうがいいと思います。

家族であってもあまり「ベタベタの関係」にならないほうが良い場合もあります。

8 「早くなじみたい」と焦らない

新しい環境に入る時は、自分が周りの人たちにどう見られているかが気にかかるものです。

学校に通っていたころの転校、社会人になってからも、たとえば会社では、人事異動や転勤があります。

あるいは、転職する場合もあるでしょう。

そのようなケースで新しい環境に入っていく時も、やはり、そこにいる人たちから自分がどう見られているかが気にかかるものです。

精神医学に「適応障害」という言葉があります。

新しい環境に上手に適応することができず、その精神的ストレスから、たとえば会社に行けなくなったりするのが、この「適応障害」です。

では、なぜ上手に適応することができないかと言えば、そこには「早くなじみたいという焦り」がある場合もあります。

人間はそもそも新しい環境に、それほど早くなじめるものではないのです。

人と人との信頼関係も、それほど早く築かれるものではありません。

ある程度の時間がかかるものなのです。それは半年かかることもあるでしょうし、一年かかることもあるでしょう。

それを「早くなじみたい。早く信頼されるようになりたい」と焦ると、かえって「私は受け入れられていないのではないか」という不安が大きくなっていきます。

そして、周りの人たちが自分を見る目もとても冷たいもののように感じられてきて、「適応障害」という心の病を発症するケースもあります。

従って、新しい環境に入っていく時には、「早くなじみたい」とあまり焦らないほうが賢明です。

「ゆっくりなじんでいけばいい」と、楽天的な気持ちでいるほうがいいでしょう。

そうすれば、そこにいる人たちの目も気にならなくなります。

9 「陰口好きの人」がいるとき

その場にいない人の悪口ばかり言う人がいます。

いわゆる「陰口」です。


ある男性の同僚にも、そんなタイプの人がいると言います。

その場にいない人の名前をあげては、

「あの人は何をやらせてもダメなんだ」

「あいつを信用しないほうがいい」

「彼は人間性にちょっと問題がある」

「あの男にはパワハラの危険がある、要注意だ」

「彼女はすぐ泣く。泣けば思い通りになると思っている」

といった陰口を言うのです。

彼とすれば、そんな同僚の陰口など聞きたくないのです。

それと同時に、その陰口が好きな同僚に、自分がどう見られているか気になってしょうがないと言います。

というのも、彼がその場にいない時、その同僚が自分の陰口を言っているように思えてしょうがないからです。

直に会っている時には、親し気な顔で接してくるのですが、自分がいない時には、自分についてひどい悪口を言っているかもしれないのです。

結論を言えば、そんな陰口好きの人とも、ある程度距離を置いてつきあっていくほうがいいと思います。

特に、陰口好きの人と同調して、自分まで「そうだよね。あの人って本当に嫌なヤツだよね」などと誰かの悪口を言わないほうがいいでしょう。

悪口を言うことは、その悪口を言う人自身の心を汚します。ですから、誰かの悪口を言った時は、その後ずっと嫌な思いが残るのです。

自分の心を汚したくなく、嫌な思いを残したくなかったら、誰かの悪口は言わないほうがいいのです。

そのためにも、そんな陰口好きの人とは距離を置くほうが賢明です。

自分のいない場で、その陰口好きの人に自分の悪口を言われることなど、あまり気にすることはありません。

ほかの人たちも、そんな陰口好きの人の言うことなど信用していないからです。

第4章

「自分がやりたいこと」を決める

1

「やりたいこと」がある人は気にしない

「人の目が気になる」ということは、ある意味で言えば、人間としてごく自然なことだと思います。

人の目を気にするからこそ、身だしなみに気をつけますし、周りの人たちに不愉快な印象を与えないように振る舞います。

また、周りの人たちから高く評価されたいと思い、自己研鑽《けんさん》にも励みます。

ただし「人の目を気にしすぎる」ということになるといろいろな問題が生じます。

第一に、この「気にしすぎる」ということは、その人にとって強いストレスになります。

そのストレスのために落ち込んだり、悩んだり、生きる意欲を失ってしまうこともあるのです。

この「人の目が気になってしょうがない。それが強いストレスになっている」という人には、ある特徴があるようです。

その一つは、「人から嫌われたくない」という思いが非常に強すぎる、ということです。そのために周りの人たちの様子を探りながら、「あの人は私を不快に思っているのではないか？」「この人は私を気に入らないと考えているかもしれない」などといったことを想像しながら、いつもビクビクしているのです。

この「嫌われたくない」というのは、とてもネガティブな意識です。そのために、この意識に強くとらわれすぎてしまうと、周りの人たちが自分を悪く思っているように思えてきて仕方なくなるのです。

従って、この「嫌われたくない」という意識を、自分の心の中で少し薄めてみるほうがいいと思います。

そのために大切なことは、「自分の人生の目的を明確にする」ということです。

「私には成し遂げたいことがある」といった人生の目標がある人は、たとえ誰かに嫌われてしまう時があったとしても、「私はそんなことを気にしているよりも、自分の夢に向かって努力しないといけない」と気持ちを切り替えることができます。

ですから、自分ならではの夢や目標がある人は、それがストレスになるほど人の目を気にしないで済むのです。

2 「自分は何をしたいか」を考えてみる

現代芸術の世界で活躍した人物に、岡本太郎います。

1970年（昭和45年）に大阪で実施された万博で、「太陽の塔」を制作した芸術家として有名です。

この岡本太郎は、**「友達に好かれようなどと思わず、友達から孤立してもいいと腹をきめて、自分を貫いていけば、本当の意味でみんなに喜ばれる人間になれる」**と述べました。

この言葉にある「自分を貫いていけば」とは、つまり、「自分の夢の実現に向かって努力し続ける」ということを意味していると思います。

岡本太郎の場合、それは「すばらしい芸術作品を創作する」ということでした。

自分らしい、個性的な芸術作品を作るという努力を貫いていけば、「本当の意味でみんなに喜ばれる人間になれる」ということなのです。

その過程で、時には、みんなから好かれないことがあるかもしれません。

しかし、「そんなことは気にしないと腹をきめるということが大切だ」と岡本太郎は指摘しています。

言い換えれば、自分ならではの夢の実現のために努力している人は、周りの人たちから嫌われたり、自分が孤立してしまうということが、あまり気にならなくなるのです。

すなわち、「他人の目が気にならなくなる」ということでもあるのです。

さらに言えば、他人の目を気にしたり、自分が周りの人たちから孤立してしまうことを怖れていたら、自分ならではの夢を実現できないし、また、本当の意味で多くの人たちから喜ばれる人間にもなれない、ということなのでしょう。

自分の人生について考える時、まず第一に考えてほしいのは、「自分は何をやりたいか」ということです。

「周りの人たちが自分をどう見ているか」ということではありません。

「自分がやりたいこと」が明確に意識されている人は、必要以上に周りの人たちの目を気にして、そのために振り回されることはないのです。

「周りの人たちが自分をどう見ているか」ということを優先している人は、周りの人たちに振り回され、結局は、「自分がやりたいこと」も見失ってしまう場合があります。

3

人に振り回されるより、自分の夢を追う

人と人には「相性」というものがあります。

相性がいい相手とは仲良くつきあっていけますが、相性が悪い相手とはとかく誤解が生じやすいのが、人間関係であるとも言えます。

たとえば、自分が何も悪いことをしていないのに、また、誠実なつきあいをしているのにも関わらず、相性が悪い相手というのは、往々にして、「気に入らない」「性格が悪い」と言いたげな目で見てきます。

「相性が悪い」というだけの理由で、自分を訳もなく嫌ってくる人もいるのです。

そういう意味から言っても、「他人が自分をどう見ているか」ということを気にしすぎてもしょうがないのです。

ですから、もしも自分を悪く思う人がいたとしても、「この人とは相性が悪いから、しょうがない」と、いい意味で開き直るほうがいいと思います。

そのほうが、人に振り回されて自分を見失う心配もありません。

もちろん、その「相性の悪い相手」を特別視して悪口を言ったり、意地悪なことをする必要はありません。

少し距離を置いて事務的に、たんたんとつきあっていけばいいのです。

そして、「大切なことは、自分ならではの夢を実現することだ」と考え直します。

そうすれば、意識が「相性の悪い相手」から「自分ならではの夢の実現」へと向きます。

そうなれば、もう他人の目を気にして、他人に振り回されることもなくなります。

日用雑貨を制作販売する会社の商品企画部で働いている若い女性がいます。

彼女には、同じ部署で働く同僚に、相性が悪い相手がいました。

当初、彼女は、自分がどう思われているか気になってしょうがありませんでした。そのために、自分の仕事に集中できなくなるほどでした。

そこで彼女は、「私の夢は、自分でユニークな商品を企画して、それをヒットさせることだ。その自分の夢の実現だけに集中しよう」と思い直しました。

その結果、その相性が悪い人が気にならなくなったと言います。

4 スマホにはまる人、はまらない人

ラインなどで送ったメッセージにすぐに返事が来ないと、「私はあの人に嫌われているのではないか」ということが気になり始めて、精神的にストレスを溜め込むタイプの人がいます。

しかし、メールの返事が来ないのは、その相手が今忙しくて返事を書いている暇がないのかもしれません。あるいは、忙しくてメールが届いているのに気づいていないのかもしれないのです。

しかし、それにもかかわらず、「嫌いだから、返事をくれないんだ」と思い込む人がいるのです。

特にスマホを使ったコミュニケーションにはまり込んで、一日中メールのやり取りばかりをしている人は、このような「妄想」を抱くことが多いようです。

このようなタイプの人にとって大切なのは、スマホと少し距離を置く生活をすることではないかと思います。

スマホでのメールのやり取りが「朝から晩まで一日中」というのではなく、「必要な時だけ、時々」という生活にするほうがいいと思います。

そして、そのために必要なことの一つは、自分の人生に何か「大きな目標を持つ」ということなのです。

このタイプの人たちがなぜスマホを使ったコミュニケーションにはまり込むのかと言えば、人生の目標がないからではないかと思います。

従って、たとえば、「税理士の資格を取って、将来は税理士として独立したい」といった人生の目標を持つのです。

そうすれば、その資格取得のための勉強をしなければなりませんから、一日の生活の中でスマホを覗《のぞ》いてばかりもいられなくなります。

その結果、時間的にも、そして精神的にもスマホと距離を置くようになり、「自分が相手からどう見られているのか気になってしょうがない」という精神状態も緩和されていくのではないでしょうか。

5 遅れてもいいから「ちゃんとする」

スマホにメールが送られて来た時には、「すぐに返事をしないといけない」という、いわば強迫観念のようなものに取りつかれている人もいます。

とにかく即座に返事をしないと、「相手に嫌われてしまうかもしれない」という強い不安があるのです。

そのために、やはり一日中、スマホを手放せなくなります。

電車に乗りながらメールを書き、食事をしながらメールを書き、テレビを見ている途中でも気になってしょっちゅうスマホをチェックします。

歩いている時にメールが来れば、立ったままメールの返信を行います。

もちろんメールは、お互いの顔を見合わせてのコミュニケーションではありません。

しかしながら、このように「すぐに返事をしないといけない」という強迫観念に取りつかれた人も、人の目を気にしてストレスを溜め込むタイプではないかと思います。

他人から自分がどう見なされているか、どう思われているかが気になってしょうがないタイプなのです。

この「すぐに返事しないと、相手に嫌われる」というのも、その人が勝手に作り上げている「妄想」と言っていいのではないでしょうか。

実際は、すぐに返事をしなくても相手はそれほど気にしないと思います。せいぜい相手は、「今忙しくて、すぐに返事できないのかな」と考える程度でしょう。

ですから、何かやるべきことがあって、すぐに返事が書けない時には、まずはその「自分がやるべきこと」を優先して、返事を書くのは後でもいいのです。

すぐ返事を書くことよりも、より重要なのは自分の夢や目標に向かって今やるべきことを進めていくことであるはずです。

ただし、大切なことがあります。

それは、後回しにしたとしても、返事はきっちり送る、ということです。

「すぐに返信をする」ということが大事なのではなく、遅れてもいいから「ちゃんと返信をする」ということが重要なのです。

6 一人で行動できない人

自分の意志に反して、「一人で行動する」ということを避ける人がいます。

その背景にあるのも、「人の目が気になる」という心理です。

たとえば、職場で、「今日は一人でランチをしたい」と思う日もあるでしょう。

しかし、一人でランチに行けば、周りの人たちから、

「あの人は、人とのつきあいが苦手なんだろうか」

「今の職場や仕事に不満があるのだろうか」

「職場の同僚たちと仲良くするのが嫌なんだろうか」

と思われることになるのではないかと心配なのです。

そして、そのことがきっかけで職場の人たちに嫌われ孤立することになるのではないか、
と考えるのです。

そのために「一人でランチに行きたい」という気持ちがありながら、そんな自分の気持

ちに反して「みんなでランチに行く」ということを選択します。

しかし、その結果、十分に休むこともできないのです。

時に、人が「一人で何かしたい」と思うのには、それなりの理由があると思います。

そのもっとも大きな理由は、「大勢の人たちといると、精神的に疲れる」ということではないでしょうか。

そういう時に、無理をして「みんなと一緒に行動する」ということを選べば、精神的な疲労感を一層溜め込むことになります。

ですから「一人でランチに行きたい」という時には、そんな自分の気持ちに素直に従って、一人になるほうが賢明な選択になると思います。

その際に、人の目を気にしないですむ方法としては、「自分の仕事に明確な夢と目的を持つ」ということが挙げられます。

そのように仕事に明確な夢と目標がある人は、イキイキと仕事をし、上司からの信頼も篤《あつ》いのです。

そんな人がたとえ時々一人でランチに行ったとしても、それで周りの人たちが、その人のことを悪く思うことはないと思います。

7 同調しすぎると夢や個性が犠牲になる

職場のように大勢の人たちが集まる環境で付き物なのが「人のうわさ」です。

「あの人は、どうだ、こうだ」といったうわさ話に花を咲かせる人がいるのです。

そんな環境の中では、人は当然、

「周りの人たちは自分について、どんな話をしているのだろうか」

「私が悪いうわさの種になっていなければ良いが」

ということが気になります。

そして、人のうわさの種になることを必要以上に気にかけすぎる人もいるのです。

そのようなタイプの人には、ある特徴があります。

それは、「自分の思いを押し殺してまで人に合わせる」ということです。

自分があることに賛成できない気持ちがあったとしても、みんながそれに賛成であれば、

「私も賛成です」と言います。

その他、周りの人たちと違ったことを言ったり、周りの人たちがやっていないことをやって目立つことを避けるために、何事に関しても周りの人たちと「合わせる」のです。

そうやって大勢の人たちと同調している限りは、「悪いうわさを立てられることもない」と考えます。

しかし、それは同時に、自分ならではの夢や願望、あるいは個性といったものを犠牲にすることでもあります。

自分の夢や個性を大切にしていこうとすれば、当然、周りの人たちと違った意見を主張したり、行動をとる必要も出てきます。

自分の夢や個性を大切にしていくほうが賢明だと思います。

というのも、現代のビジネスの現場では、これまでになかったようなユニークなアイディアが求められているからです。

同業他社と同じようなことをやっていても、ビジネスの成功は望めません。ですから、ユニークなアイディアが求められる時代になっています。

人の目を気にし、悪いうわさを立てられることを避けてばかりいたら、仕事に自分の夢や個性を生かすことはできず、画期的なこともできません。

8 空気を読みすぎて後悔することも

大勢の人たちが集まる職場や、あるいは趣味の会の会議の席などで、自分ならではの意見があるのにも関わらず、発言せずに黙っている人がいます。

「司会者から「何かご意見はありますか？」と聞かれて、「いえ、ありません」と言って、自分の意見を述べようとしません。

このようなタイプの人たちには、性格的に「謙虚な人」が多いようです。

その謙虚さゆえに、「目立ったことをして、周りの人たちから『生意気な人だ。ただ目立ちたいだけの人だ』と思われたくない」という気持ちが働くのです。

周りの人たちの目を気にして、いわば、自分の意思表示ができない人です。やはり周りの人たちから嫌われることに不安があるのでしょう。

このような「自分の意見を言わない」という意味での「謙虚さ」は決して良いものではないと思います。

言いたい意見があるのに、それを言わずに黙っていることは、その人自身にとって強いストレスになるからです。

また、目立ったことをして嫌われたくないという気持ちはわかりますが、「目立たない」ということは、言い換えれば「大多数の人たちの中に埋もれる」ということであって、だんだんとそんな「埋もれた自分」に情けない気持ちを抱くようになるのではないでしょうか。

世界中で使われる格言に、「やらないで後悔するより、やって後悔するほうがいい」というものがあります。この格言を言い換えて、「自分の意見を言わないで後悔するより、言って後悔するほうがいい」とも言えるのではないでしょうか。

自分の発言によって、周りの人たちの中には「生意気だ」「出しゃばっている」と思う人もいるかもしれません。

それを後悔する人もいるかもしれませんが、悪い印象を持つ人はごく少数の人でしょう。

大多数の人たちは「なるほど」と思い、熱心に耳を傾けてくれるはずです。

ですから、気にしなくてもいいと思います。

9

「嫌われたくない」より「相手のため」

「他人が間違いをしているのがわかっても、それを指摘できない」という人がいます。

その背景にあるのも、「嫌われたくない」という心理です。

たとえば、職場の同僚が、ある間違いをしているのに気づいたとします。

取引先へ送るデータの入力の仕方を間違っていることに気づいたのです。

しかし、その同僚自身は、自分は間違いを犯していることにまったく気づいていません。

このままでは取引先に迷惑をかけることになります。

間違いを指摘するほうがいいかどうか迷うのですが、「あなたは間違っていますよ」ということを言ったら、恥をかかせることになるのではないか、そのために嫌われるのではないか……ということが心配になって、結局は、見て見ぬふりをして黙っているのです。

人の目を気にして、相手から嫌われることを心配して、すぐに指摘しなければならないのに黙っているのです。

このタイプの人は、「自分が人から嫌われること」ばかり心配しています。

自分がそれを指摘しないと、「その同僚はどうなるか」ということに、あまり意識が向かいません。

その同僚は取引先に間違ったデータを送っているのです。

そのために取引先に迷惑をかけ、叱責されることになるでしょう。

もちろん上司からも叱られます。

社内での評判もガタ落ちになるでしょう。

そんな同僚を案じ、可哀想だと思う気持ちが働けば、自然と「あなたのデータ入力の仕方は間違っていますよ」と指摘できると思います。

それは、「同僚のため」であるからです。

「嫌われたくない」という気持ちから同僚を窮地へ追いやるよりも、「その同僚のため」を思って間違いを指摘してあげるほうがよほど貴重な行為になるはずです。

そうすれば、間違いを指摘することで「相手から嫌われる」どころか、むしろ「感謝される」ことになるでしょう。

10 「嫌われたくない症候群」を克服する方法

心理学に、「嫌われたくない症候群」「嫌われ恐怖症」という言葉があります。

人から嫌われることにひどく敏感で、それを避けようとする気持ちがとても強い人たちの心理傾向を意味する言葉です。

このようなタイプの人たちは、周りの人たちから自分がどう見られているかということをいつも気にしながら暮らしています。

最近、この「嫌われたくない症候群」「嫌われ恐怖症」といった心理傾向を持つ人たちが増えているとも言います。

「人の目を気にする」ということは、その人にとって強いストレスになります。

いつも周りの人たちの言動に注意を払っていなければなりませんし、周りの人たちのちょっとした言動や変化に振り回されることにもなります。

そのストレスから、精神的にクタクタの状態になります。

このような状況は、その本人にとって決して良いことではないと思います。

本人にとっても、きっと、「こんなことをやり遂げてみたい」という夢や、人生の目標があると思います。

人の目に気にしすぎてクタクタに疲れきった状態になると、そんな夢や目標の実現のために注がなければならない情熱も失われていくことになります。

嫌われたくないという思いから人の目を気にし、そのために自分ならではの夢や目標のための情熱を失うのは、非常に残念なことではないでしょうか。

自分ならではの夢や目標を大切にしていくほうが、充実した、喜びに満ちた人生を実現できると思います。

従って、「嫌われたくない」という思いを少し弱め、必要以上に人の目を気にするのもやめるほうが賢明だと思います。

そのために、まずは意識を自分の夢や目標に向けます。

そうすれば「人の目」は、自分の意識の外へ自然に出ていきます。

つまり、「気にならなくなる」ということです。

11 できないことを無理して引き受けない

「断る」ということが苦手だという人がいます。

誰かから「お願いしたいことがある」と何かを頼まれた時に、「できません」と断ったら、「今後、どのような目で見られるかわからない。嫌われることになるのではないか」と心配なのです。

ですから、無理だと思われることであっても、人から頼まれたら引き受けてしまうのです。

しかし、どんなに能力がある人であっても、人の能力には限界があります。

その能力を超えて引き受けていたら、自分がやるべきことができなくなってしまいますし、精神的なストレスも溜まってきます。

その結果、いったん引き受けたものを、後になってから「やっぱり、できなかった」と相手に押し返すこともあるでしょう。

しかし、そんなことをすれば約束を破ることになり、信頼を失いますし、それこそ嫌われることになりかねないのです。


そういう時は、「申し訳ないけど、私にはできません」と、素直に断るのです。

断ることで嫌われるのではないかということを、必要以上に気にしすぎることはありません。

まず優先すべきことは、自分の夢や目標を達成するために、今やることを実践していくことです。


ただし、すべて断わればいい、と言っているのではありません。

余裕がある時に引き受けるのは、もちろんいいのです。

余裕がない時は、無理をせずに断るほうがいいのです。

その際の話し方も大切です。

引き受けられない事情をていねいな言葉でちゃんと説明し、誠意を込めて「申し訳ない」

と謝れば納得してくれるでしょう。

相手も「無理を言って、ごめんね」と言ってくれると思います。

ですから、「相手から今後、どのような目で見られるかわからない」ということも気にしないでいいのです。

これまで通り、いい関係を続けていくことができると思います。

第5章

「気にならない心」のベースが見つかるヒント

1

人の目が気になる意外な理由

実は、充実した生活を送っている人は、必要以上に人の目を気にすることはありません。逆の言い方をすれば、**何か満ち足りない生活を送っている人に限って、「人の目が気になる」という人が多いのです。**

たとえば、ある若い男性は、「夏休み明けに会社に出社する時、人の目が気になってしょうがない」と言います。

「日焼けのあとのまったくない自分の顔を見て、『どこかに遊びに行くこともなく、ずっと家にいたに違いない。なんて刺激のない生活を送っているのだろう』と思っているのではないか、ということが気になって、恥ずかしい」と言うのです。

実際に彼は、連休などは、どこかに遊びに行くこともなく、家にいることが多いのです。友人も少なく、外出して楽しむような、これといった趣味もないからです。また、外で運動をするような習慣もありません。

そんな彼は、確かに刺激の少ない、面白みのない生活を送っています。

そして周りの人たちから「刺激の少ない生活を送る、何の面白みもない人間だと思われているのではないか」ということが気になってしょうがないのです。


同じような悩みを持つ人は、他にもいるかもしれません。

しかし、このような状況から抜け出すのは、それほど難しいことではありません。

自分なりに何か「楽しいこと」を見つけ出せばいいのです。

特に、どこかに外出できるような趣味を持つのがいいでしょう。たとえば、「全国の城巡りをする」「各地の温泉を訪ねる」といったテーマを作ってみてもいいと思います。

そして、同じ趣味を持つ人たちが集まるサークルに参加するのもいいでしょう。

そうすれば、一緒に旅行する友人ができます。

そのようにして「楽しいこと」が見つかれば、生活が充実します。

その結果として、人の目を気にすることもなくなります。

むしろ「充実した生活を送る自分」が誇らしい気持ちにもなってきます。

2 「幸せそうな自分」を演じるよりも……

フランスの有名な哲学者に、モンテーニュがいます。

このモンテーニュは、

「他人から見て『幸福そうにしている人』ではなく、自分自身で『私は幸福だ』と実感できる人が幸福なのである。各人はその考え次第で幸福にもなり、不幸にもなる（意訳）」

と述べました。

周りの人たちの目を気にして、「幸せそうに振る舞いたい」と思う人もいるかもしれません。

しかし、人の目を意識して、ただ幸せそうに振る舞っているだけなら、本心から幸福を実感しているわけではありません。

それよりも、とにかく周りの人たちから「あの人は幸せそうね」と思われたいのです。

そこには虚栄心や見栄といった心理が働いているのかもしれません。

しかし、それは、あくまでも「ふり」をしているだけなのです。

やがて、「幸せそうなふり」をしていることに、心身ともに疲れてくることになるのではないでしょうか。

そして、他人の目に振り回されながら、虚しい気持ちばかりが増していきます。

そういう生き方は「不幸」ではないかと、モンテーニュは、この言葉で指摘しています。

そして、他人の目を気にして「幸せそうな自分」を演じるよりも、自分自身で幸せを実感できるような生き方をすることが大切だ、ということを説いています。

他人の目など気にせず、「こういう生き方をしていると、私は幸せだ。私の心は充実している」というものを見つけ出すことが大切なのです。

そういう考え方ができるか、一方で、他人の目ばかりを気にしている考え方に立ってしまうのか……そこで各人が幸福になれるか、不幸になるかが決まる、とモンテーニュは言っていると思います。

もちろん「幸福を演じる不幸な人」よりも「幸福を実感しながら生きる人」のほうが幸せだと思います。そのためには、自分にとっての幸福とは何かということをよく考えてみる必要があります。

3

「小さな喜び」を見つける

「自分は周りの人たちから、幸せに生きているように見えているだろうか」ということを気にする人がいます。そして、「きっと私は、周りの人たちから『あの人は幸せそうだ』とは思われていない」と感じ、落ち込んでいる人もいるかもしれません。

しかし、そんな人は「幸せ」というものを少し大げさに理解しているのではないでしょうか。

アイルランドの女性哲学者にアイリス・マードックがいます。彼女は、

「幸せな人生を送る一つの秘訣は、小さな喜びを継続することだ」

と述べました。

つまり、幸せをそれほど大げさに考える必要はないのです。

「小さな喜びを継続する」というだけでいいのです。

たとえば、本を読むことが好きだ、という人がいたとします。

そのような人は、日々、少しの時間でもいいですから、本を読む時間を作ります。

本を読む喜びを味わえる時間を作るのです。

そんな「小さな喜び」を日々継続していくことであっても、「私の人生は幸せだ」ということを実感できるようになります。

その結果、日々の生活が充実したものになっていくのです。

そして、「周りの人たちに、私は幸せに生きているように見えているだろうか」ということも気にならなくなります。

「幸せに生きているように見られたい」と、無理をして「幸せな自分」を演じる必要もなくなります。

他人の目を気にせずに、今よりもずっと楽な気持ちで生きていけるようになるのです。

そういう意味で、自分にとって日々継続して実感できる「小さな喜び」とは何かということを考え直してもいいでしょう。

音楽を聴くことでもいいでしょう。

ガーデニングを楽しむ時間でもいいと思います。

4 ゲーテの言葉から読み解くヒント

ドイツの文豪にゲーテ（18～19世紀）がいます。

小説や詩や演劇の執筆のみならず、科学や法学の研究、また政治家として活躍しました。

ゲーテは、

「国王であれ、農民であれ、家庭に平和を見出せる者が、もっとも幸せである」

と述べました。

愛する人々がいる家庭、また、平和と安らぎに満ちた家庭を持つ人は、それだけで幸せであり、その人の人生は充実している、と言えます。

言い換えれば、平和と安らぎに満ちた家庭を持つ人は、「他人の目」を必要以上に気にしない、とも言えるのではないでしょうか。

周りの人たちは自分をどう見ているかということを気にし、他人の目に振り回されて精神的にストレスを溜め込むということはないでしょう。

また、他人が見ている前で「幸せそうな自分」を演じて、無理に明るく笑ったり、無理をして元気そうに振る舞う、ということもありません。

そんな無理がたたって、心身ともに疲れ切る、ということもないのです。

いつでも、どこでも、他人の目など気にせずに、自然に、楽に振る舞っていけます。

なぜなら、その人には、「私には幸せな家庭があるので、ある意味、他人からどう見られていようがどうでもいい」という楽天的な、いい意味での開き直りがあるからです。

そういう意味で言えば、人間の人生にとって、平和と安らぎに満ちた家庭を持つということがとても大切だということがわかってくると思います。

もちろん、家族と同居していない、という人もいると思います。しかし、一つ屋根の下に一緒に暮らしていなくても、家族と頻繁に連絡を取っていけばいいのです。そして、心のこもった、やさしい言葉を家族同士で交わすことです。

心に「平和と安らぎ」が生まれ、他人の目に振り回されることなく、他人の目を気にせずに生きていけると思います。

5 温かい人間関係のネットワークを広げる

ある女性は、都会で一人暮らしをしています。

結婚はせず、子供もいません。

彼女は今、三十代です。

職場などで、自分が独身でいることを、上司や同僚、あるいは後輩や部下たちは、どう見ているのだろうか、ということが気になってくると言います。

また、プライベートで参加している勉強会や趣味の会などで初対面の人から「結婚は？お子さんは？」と聞かれ、「結婚はしていません。子供もいません」と答える時、その相手から自分がどう見られているかが気にかかるのです。

そして、「独身でいる」ということに、何か恥ずかしいような気持ちを味わうのです。

時には、自分が何か、世間の落ちこぼれであるような気持ちになることもあるようです。

ただし、独身であるとはいえ、彼女は、実家で暮らす両親と頻繁に連絡を取りあっています。

また、やはり都会で暮らしている兄弟姉妹とも電話をしたり、会ったりしています。

また、手紙をやり取りすることもあります。

そして、たとえ一緒に暮らしてはいなくても、そうやって血のつながった親や兄弟姉妹と温かい会話を交わすことで「家庭」「家族」といったものを実感しています。

その結果、自分が独身でいるということで人からどう見られているのか気にかかる……という気持ちも少し和らぐ、と言います。

その他にも彼女は、友人や趣味の会などで知り合った人たちとの人間関係も大切にしています。

そのようにして、家族以外にもいろいろな方面に温かい人間関係のネットワークを広げることで、やはり、自分が独身であるということが気にかからなくなっています。

6 「こんな自分なのに」愛してくれる人がいる

フランスの小説家にヴィクトル・ユーゴー（19世紀）がいます。ちょうどフランス革命の時代を生きた小説家です。彼は、

「人生最大の幸福は、愛されているという確信である。正確に言えば、こんな自分なのに愛されているという確信である（意訳）」

と述べました。

家族や友人、あるいは、仕事の関係者などから「愛されているという確信」が、その人に「人生最大の幸福」をもたらします。そして、**「私は幸せだ」という実感が、他人の目が気にかからなくなるための、とても大切な要素の一つになります。**

この言葉で興味深いのは、「こんな自分なのに」というところにあると思います。

これには、たとえば、次のような意味があります。

「教養のない自分であっても、愛してくれる人がいる→それが自分に豊かな幸福感をもた

らしてくれる→だから、他人の目は気にならない」

「仕事で失敗ばかりしているのに、愛してくれる人がいる→それが自分に温かい幸福感をもたらしてくれる→だから、他人の目は気にならない」

「人間関係が苦手なのに、愛してくれる人がいる→それが自分にやさしい幸福感をもたらしてくれる→だから、他人の目は気にならない」

ということなのです。

人は誰でも「こんな自分なのに」という劣等感や苦手意識を抱えながら暮らしているのではないでしょうか。

しかし、そんな劣等感や苦手意識を引きずっている人にも、愛してくれる人が必ずいるのです。

そして「愛されているという確信」が、その人に幸福感と、もう一つ強い自信を与えてくれると思います。

それは「こんな自分なのに、しっかり生きていける」という自信です。

そのような、生きていく上での大きな「自信」も、他人の目が気にならなくなる重要な要因の一つになると思います。

7 気にならない人は、何に自信を持っているのか

「他人の目を必要以上に気にしない」ということのためには、自分自身に「自信を持つ」ということが大切なコツの一つになります。

言い換えれば、自分自身や、あるいは自分の生き方に強い自信がある人は、他人の目はさほど気にならないものなのです。

画期的な蓄電池の開発でノーベル賞を受賞した研究者がいます。

この研究者がまだ新人だったころの話です。

ある技術の開発のため、彼は一生懸命に研究をしていましたが、なかなか良い結果が出ませんでした。

すると、周りの人たちは、「あんな開発は、うまくいくはずがない」「あの研究者は予算を無駄遣いしているだけだ」と、彼を冷ややかな目で見るようになりました。

彼自身、周りの人たちが自分を見る目を気にするところもありました。

しかし、彼には、「この研究は必ず成功する」という自信があったのです。

ですから周りから冷ややかな目で見られようと、また、何と言われようと、そういうことを必要以上にあまり意識することなく、研究を続けました。

その結果、最終的には、成功したのです。

この事例のように、何事であれ、「うまくいかない時」と言うのは、周りの人たちから冷ややかな目を向けられるものです。

そうなれば、その当事者も、周りの人たちの目が気になります。

しかし、自分がやっていることに自信さえあれば、そんな周りの目に振り回されて、自分がやらなければならないことを見失うことはありません。

しっかりと自分の目標に向かって突き進んでいくことができるのです。

そういう意味で、「自信を持つ」ということは非常に大切です。

言い換えれば、他人の目が気になってしょうがないという人は、ある意味、自分がやっていることに今一つ自信がないからだと思います。

まずは、どうすれば自信を持てるかを、よく考えてみるのがいいのかもしれません。

8 「私ならできる」と自信を持つ

アメリカにエレノア・ルーズベルトという女性がいました。

アメリカの第三十二代大統領フランクリン・ルーズベルトの夫人です。

彼女は大統領夫人だった傍ら、婦人運動家、文筆家としても活躍しました。

このエレノア・ルーズベルトは、

「劣っていると人から見られないためには、自分でそう思わないことだ」

と述べました。

物事がうまくいかない時、一生懸命になって努力しているのにもかかわらず、なかなか良い結果が出ない時、ともすると周りの人たちは、「あの人はなんてダメな人なのだろう」と冷ややかな、軽蔑するような目で見てきます。

そんな時、人はつい、「確かに私は、ダメな人なのかもしれない」と考えがちです。

そして、周りの人たちの悪い影響を受けて、自分への自信を失っていくのです。

しかし、**周りの人たちの視線に同調するような形で、自分で自分を「ダメな人」などと見なすのは良いことではありません。**

自分の能力や生き方に自信を失い、一層悪い状況へと追い込まれていくからです。

従って、周りの人たちがどんな目で見てこようとも、そういうことはあまり気にせずに、「私はダメな人ではない」と考えることが大切です。

そして、「私はむしろ有能な人間だ。大きなことを成し遂げる力を持った人間だ」と、自信を持って考えることが大切です。

実際に、強い自信さえあれば、周りの人たちの目に振り回されることなく、多くのことを成し遂げられるのです。

エレノア・ルーズベルトは、この言葉で、やはり「周りの人の言動に振り回されず、自信を持つことの大切さ」について指摘していると思います。

そして、強い自信を持って生きていれば、やがて周りの人たちもその人のことを「ダメな人」などとは見ないようになっていきます。

むしろ最後には、「あの人は忍耐強い人だ。決して苦難には負けない人だ」と、称賛するようになるのです。

9 うわさが気にならなくなるブッダの教え

仏教の創始者であるブッダに次のようなエピソードがあります。

仏道の布教のために、現在の北インドの各地を巡り歩いていた時のことです。

ブッダと弟子たちが、ある村に入りました。

村では、悪いうわさが広まっていました。

ブッダが行く村々では、ブッダの話を聞いて感動し、家を捨ててブッダの弟子になる人たちが大勢いたので、「ブッダは、人さらいだ。人をうまく騙《だま》して、さらっていく」というわさを立てる人たちもいたのです。

弟子の一人が、ブッダのもとへ行き、「いったい、どうすればいいでしょうか？」と相談しました。するとブッダは、

「他人にどう見られようと、どう思われようと気にすることはない。放っておけばいいのだ。人のうわさ話など、そのうちに消えてなくなるものなのだから」

と答えました。

やがて、ブッダが言った通り、悪口を言う人は誰もいなくなりました。

村の人たちが、ブッダが悪人ではないことを理解したからです。

ブッダが、自分の悪口が広まっていると知っても、なぜ「気にしない」ということができたのかと言えば、自分の思想や生き方といったものに強い自信があったからだと思います。


これはブッダに限ったことではありませんが、どのような世界で生きている人であれ、「私は正しい考えを持っている。私は正しい生き方をしている」という自信がある人は、周りの人たちにどのような目で見られたとしても、動じることはないのです。

そんなことを気にせずに、自分が信じる道を進んでいくことができます。

そして、自信を持って自分が信じる道を進んでいけば、やがて周りの人たちも「あの人が言っていること、やっていることは正しい」と理解してくれるのです。

言い換えれば、そこで周りの人たちの目を気にして動揺するのは、自分の生き方に十分に自信を得ていない証なのかもしれません。

従って、自分の生き方に自信が持てるよう努力を重ねていくことが大切です。

10 人に頼ることを「恥ずかしい」と思わない

人に何かを頼む時、「相手は私のことをどう思うだろう、どう見るだろう」ということを必要以上に気にする人がいます。

「こんなことも自分で解決できないのか」と軽蔑され、「なんて他人に甘えた人なのだろう」という目で見られるのではないか、と心配になるのです。

そのために、結局は、人に頼むことができません。

そして、問題を自分一人で抱え込みます。

その結果、その問題をますますこじらせることになる場合もあります。

素直に頼めないのは、相手からダメな人だと見なされることが恥ずかしい、という思いがあるからなのでしょう。

しかし、そのために問題を一人で抱え込み、どうしようもない事態にまで悪化させれば、周りの人たちから本当にダメな人間だと見なされ、恥ずかしい思いをすることになります。

そうならば「頼みごとをする」ということを恥ずかしく思うのではなく、もっと素直に、もっと謙虚に「お願いしたいことがあって」と言うほうがいいでしょう。

人と人とは「お互い様」で暮らしています。

ですから、自分が誰かに頼みごとをすることもあるでしょうし、自分が誰かから何かをお願いされる時もあるでしょう。

誰しも自分一人だけの力では生きていけません。

ですから、頼みごとをしたからといって、相手が自分のことを「ダメな人」「人に甘えた人」などと見なすこともないのです。

むしろ、頼みごとをすることが、その相手との人間関係が深まっていく一つのきっかけになることもあります。

もちろん、相手の都合を考えたり、頼む時の話し方には注意がいるでしょう。

しかし、相手に余裕がある時に頼み、ていねいな話し方をする、といった人間関係のエチケットをしっかり守ればいいと思います。

11 健康でこそ「自由」がある

何はともあれ「健康である」ということが、その人に「生きる自信」を与える大きな要因の一つになることは間違いないでしょう。

そして、健康であってこそ、周りの人たちの目に振り回されることなく、自分が信じる生き方を自信を持って実践していくことができます。

スイスの哲学者であり、また詩人でもあった人物に、アンリ・フレデリック・アミエル（19世紀）がいます。『アミエルの日記』という代表作があります。

このアミエルの言葉に、

「**健康の中に、自由がある**」

というものがあります。

この言葉にある「自由がある」には、いろいろな意味が含まれていますが、わかりやすく言えば、「何でもできる」ということを言い表していると思います。

「健康であるからこそ、何でもできる自由がある」ということです。

健康だからこそ、自分ならではの楽しい夢に向かってチャレンジしていけます。

しかも、その夢は一つきりではないのです。

仕事で活躍したいという夢、素敵な恋人を見つけて幸せな結婚をしたいという夢、趣味の会を自分で創設してみたいという夢、世界旅行をしてみたいという夢……など、たくさんの夢に向かって積極的にチャレンジしていけます。

健康だからこそ、そのような「自由」が得られるのです。

そして、「私はたくさんの夢を追って積極的に生きている」ということが、その人に「生きる自信」を与えます。

その自信によって、他人の目を気にしたり、周りの人たちの目に振り回されることなく、さらにたくさんの夢を持って意欲的に生きていくことが可能になります。

そのためにも、「健康である」ということを心がけていくのが良いと思います。

つまり、適度な運動や食事などに注意して、自分の健康を維持していくのです。

健康を心がけるということは、言い換えれば、自分の人生を大切にするということにつながると思います。

第6章

世間体や常識から自由になる

1 世間体を気にしすぎると人生が犠牲になる

「世間体《てい》を気にする」という言葉があります。

「世間の人たちが自分をどう見ているかを気にして、なるべく世間の人たちから悪く思われないように振る舞う」ということです。

しかし、世間体を気にするあまり、嫌なことを我慢し続けなければならなくなったり、あるいは、自分の人生を犠牲にする……ということもあります。

結婚して七年になる女性がいました。

しかし、彼女の結婚生活はうまくいっていません。夫と一緒にいる時は、口論ばかりしていたのです。とうとう彼女は、離婚することを考え始めました。

しかし、離婚をするというのは、世間体が悪いことです。

知り合いたちに自分が離婚をしたことが知られれば、彼女のことを、「きっと、あの人がわがままなことばかり言うから、夫に愛想を尽かされたんだ」などと、悪いうわさを立てる人がいるかもしれません。

結局、彼女は、世間体を考えて離婚するのを思い留まりました。

しかし、だからといって、夫との関係が良くなったわけではありません。

顔を合わせればケンカばかりしていました。

彼女は結局、世間体を気にするあまり、夫との関係がうまくいかないことをひたすら我慢するしかありませんでした。

しかし、人間の我慢にも限界があります。

彼女は我慢のしすぎで体調を壊し、寝込むことになったのです。

これは一例ですが、「世間体を気にしすぎる」ということで、人生を犠牲にすることもあります。

もしも世間体を気にした行動を取ることで大きな犠牲を強いられる時には、世間体など気にせず思い切って離婚するほうが賢明である場合もあります。

そして、そのほうが、今後の人生を前向きに生きていけるケースもあるのです。

2 相田みつをの言葉の真意

ユニークな詩人、個性的な書家として活躍した人物に、相田みつをがいます。彼は、

「常に自己が自己の本心を生きる。世間体や他人の思惑などにいっさい左右されず、自分が自分の本音を生きる。自己が自己の命を本腰で生きる」

と述べました。これは哲学的な表現ですが、この言葉には次のような意味があると思います。

まず、「常に自己が自己の本心を生きる」とは、自分が本心から「こんな生き方をしてみたい」と思うことに従って生きる、ということです。

自分がしてみたいと思うことを実現するために、自分の精力を傾けて生きるのです。

「自分が自分の本音を生きる」にも、これと同じような意味があると思います。

「自己が自己の命を本腰で生きる」という言葉には、次のような意味があると思います。

自分自身の「命」は、自分だけのものであり、自分の命は他人の所有物でありません。

ですから、その自分の命を、他ならぬ自分自身が大切にしていくことが重要です。

それでは、自分の命を大切にして生きるとはどういうことかと言えば、それは取りも直さず、自分が本心から、また本気で「こんな生き方をしてみたい」と思うことに素直に従って生きる、ということなのです。

そして、自分の思いに素直に従って生きるために大切なのが、「世間体や他人の思惑などにいっさい左右されない」ということなのです。

世間体や、あるいは他人の思惑、他人の自分を見る目というものに振り回されると、そのために自分の「こんな生き方をしてみたい」というものへ傾ける情熱が失われていくことになります。

それは結局、自分の命を疎《おろそ》かにするということでもあるのです。

「命」という言葉で説明するほど、相田みつをは、「世間体に振り回されずに、自分ならではの生き方を貫くことが大切だ」ということを指摘しているのです。

世間体や、他人の目に振り回されがちな人には、この相田みつをの言葉は参考になり、また、勇気を与えられるのではないでしょうか。

3 「世間体」の語源は仏教にある

「世間体」という言葉の語源は、実は、仏教にあります。

まず「世間」とは、人が生活したり仕事をしたりしている「この世界」のことですが、仏教的に言えば、それは「悩みや苦しみに満ちた、迷いの世界」ということを意味しています。

さらに詳しく説明すれば、「世間」の「世」には、「移り変わる。頼りにならない。実体がない」といった意味があります。

たとえば、人のする「うわさ話」などは、この「世」と言っていいでしょう。

まさに、うわさ話は、その時々によって移り変わります。おかしなうわさが立ったり、いつの間にか、そのうわさ話が消えてしまったり、また別のうわさが立ったりと、移り変わっていくのです。

それだけに頼りにならず、実体がないのです。

そして、その実体のないうわさ話に振り回されて、悩み苦しむ人もいます。

また、「世間」の「間」には、「隔《へだ》たる」という意味があります。

たとえば、悪いうわさを立てられて、周りの人たちから隔てられ、仲間外れにされる、ということです。

そのような経験にあい、悩み苦しむ人もいるでしょう。

「世間体」の「体《てい》」は、「様子」「状態」といった意味です。

つまり、「世間体」とは、「そのように悩みや苦しみに満ちた状態にある」ということです。仏教は、そのような悩みや苦しみに満ちた世間から離れることによって、心の安らぎを得られると説きます。

そのことを、仏教では、**「出世間《しゅっせけん》」**と言います。

つまり、「悩みや苦しみに満ちた世間から出て行く」という意味です。

この「出世間」には、哲学的な難しい意味もありますが、わかりやすく言えば、「世間の人たちから自分がどう見られているか、あまり気にしない。それよりも、自分がやらなければならない大切なことに集中していく」という意味にも理解できると思います。

それが「心の安らぎ」にもつながるのです。

4 「夫は外で働き、女は家庭を守る」から離れてみる

「〜べきだ」「〜でなければならない」という意識が強い人がいます。

常識や固定観念、習慣的な考え方といったものに強く縛られているタイプです。

このようなタイプの人たちは、「世間体を気にする」「周りの人たちの目を気にする」ということが多いようです。


一人の子供を育てる夫婦がいました。夫は外で働き、妻は専業主婦です。

しかし夫が働く会社の業績が悪化して、会社を辞めることになりました。

もちろん再就職先を探しましたが、なかなか見つかりません。

妻は結婚する前に看護師をしていたので、機会があれば、また看護師として働きたいという希望を持っていました。

そこで妻は、「この機会に、私は家計を支えるために仕事をするから、あなたは家で子

供の面倒を見てほしい」と提案したのです。

しかし、その夫には、「男は仕事をして家計を支えなければならない。女は家庭を守るべきだ」という強い固定観念がありました。

ですから、その立場を逆転させて、自分が家で子育てや家事をやり、妻が外で働いているということが世間に知れたら恥ずかしい、周りの人たちから何と言われるかわからない……と思い、強い抵抗感を覚えました。

しかし、最近は、この事例の夫のような考え方が古いものになってきているようです。従来の夫と妻の役割が逆転した家庭も今は決して少なくないのです。

この事例の夫もいろいろな人に相談するうちに、そういう家庭が少なくないことを知り、妻の提案を受け入れることにしました。

また、実際に「主夫」をやってみると、これがなかなか面白く感じられているとも言います。

世間的を気にして固定観念に縛られるよりも、もっと柔軟な考え方で自分たちに合った生き方を探し出していくほうが賢明です。

5 価値観が多様化した時代を生きるコツ

現代人は、それぞれ様々な意見を持っていますし、また、それぞれユニークで個性的な生き方をしています。

そのような時代環境の中では、もはや、古い時代の「～べきだ」「～でなければならない」という常識や固定観念に縛られないほうがいいのかもしれません。


ある地方都市で江戸時代から続くという老舗《しにせ》の酒造メーカーがありました。

当主は代々、長男が引き継いできたのです。

しかし、ある時、東京の大学に通っていた長男が、「大学院へ進学して研究者になりたい。家業を継ぐつもりはない」と言い出したのです。

当時の当主がまず気にしたのは「世間体」でした。

長男が家を継ぎたくないと言っていることを土地の人たちに知られること自体、世間体が悪いことです。

長男の他に子供はなく、長男が継がないのであれば、家業を自分の代で終わらせるか、あるいは、家族以外の者に譲るしかありませんでした。

しかし、それも世間体が悪いことでした。

この当主がなぜ世間体というものをそれほど気にしたかと言えば、「家業は長男が継ぐべきだ」という意識が強かったからです。

しかし、考え方を変えました。

「価値観が多様化した時代だから、子供が家を継ぎたくないと言い出しても、仕方ないことなのだろう。自分もまた、家業を長男に継がせなければという固定観念を捨てなければ」

と、柔軟に考えるように努めたのです。

その結果、世間体もあまり気にならなくなったと言います。

そして、長男には好きな道に進ませ、酒造メーカーは家族ではない、従業員だった一人に継がせました。土地の人たちも、その決断に悪いうわさを立てる人などいなかったと言います。

6 期待されると気になり始める

多くの人たちから「期待される」ということが、「〜べきだ」「〜でなければならない」という固定観念を作り出すことがあります。そして、そのことがきっかけで、「周りの人たちの目が気になってしょうがない」という心境になる場合もあります。


優秀な大学を卒業した若い男性がいました。

彼は就職した会社で、学歴がいいことを理由に、大きな期待を集めていました。

そんな彼自身も、自分がいい大学を出て、社内で期待されていることを意識して、

「学歴がいいのだから、それに見合った立派な仕事をしなければならない」

「社内の人たちから期待されているのだから、期待に応えるような実績を残すべきだ」

と考えました。

もちろん、そのように意識して仕事に意欲を燃やすこと自体は悪いことではありません。

ただし、この事例の男性の場合、この「〜べきだ」「〜でなければならない」という意識が強すぎたようです。

そのために、仕事でちょっとしたミスをしただけで、「周りの人たちから、『学歴がいいわりには、大したことない人だな』と思われているのではないか」ということが気になってしょうがなくなりました。

また、十分な実績を残せなかった時などは、「自分を期待している人たちから、『なんだ、期待はずれじゃないか』と見なされてないか」ということが気になってくるのです。

そのようにしていつも周りの人たちの目を気にしていることが、彼にとって大きなプレッシャーとストレスになり、結局彼はその会社を辞めることになりました。

「期待される」ということが「人の目が気になる」という心理状態をもたらし、そのストレスのためにかえって前向きな意欲が失われることもあります。

そういう意味では、「期待に応えよう」という気持ちを持つのはいいのですが、「期待に応えなければならない。何があっても応えるべきだ」というように、あまり自分にプレッシャーをかけすぎないほうがいいでしょう。

7 上手に開き直るヒント

「期待される人」というのは、言い換えれば、「世間の注目が集まっている人」とも言えます。

そういう意味で言えば、「期待される人」は否応なく「周りの人の目が気になる」という心理状況に追い込まれていきがちなのです。


水泳の大会で優勝した女性がいました。まだ十代です。

有望な新人の登場に、世間の注目が一気に集まりました。

そして、世間の人たちは、「彼女なら世界大会でもきっと優勝するに違いない」と、大きな期待を寄せました。

しかし、その「世間の期待」が、大きなプレッシャーになったのです。

それまでは、それほどプレッシャーを感じたことはありませんでした。また、周りの人たちの目を気にすることもありませんでした。

しかし、大きな期待を集める存在になってからというもの、

「今度の大会でいい成績をあげられなかったら、世間の人たちから何て言われるかわからない。きっと散々叩かれるだろう」ということが気になって仕方なくなったのです。

そのために練習にも集中できなくなりました。

このままではいけないと感じた彼女は、いい意味で開き直ることにしました。

「負けてもいい。それで命まで取られるわけではない」

「世間の人たちにどう見られてもいい。それよりも水泳を楽しむことに集中しよう」

と、考えることを心がけたのです。

その結果、気持ちが楽になり、練習にも集中できるようになりました。

そして、その後の大会でも活躍できたと言います。

このように「プレッシャーから逃れる」、「人の目を気にしない」ということのためには、「いい意味で開き直る」ということが有効に働くことがあります。

8 「行動で示すしかない」と開き直ってもいい

他人が持つ先入観から、決めつけられるような言い方をされることがあります。

そして、それがきっかけで、周りの人の目が気になってしょうがなくなる、ということもあります。


ある若い女性には、次のような経験があります。

彼女が、ある会社に就職して間もない頃です。

先輩社員だった中年男性から、「君もどうせ結婚が決まったら辞めるんだろう」と言われたそうです。

その発言は、その男性の先入観にすぎませんでした。

もちろんそういう女性ばかりではありません。

しかし、そう決めつけられた彼女は、「他の先輩社員たちや、また上司も、そのような目で自分を見ているのか」と思い悩むようになりました。

しかし、実際は、彼女はその会社での仕事にやりがいを感じ、もし将来結婚したり出産することがあっても退職することなく、その会社で働き続けたいと考えていました。

それだけ、その会社に、また、その仕事に愛着があったのです。

それだけに、「どうせ結婚が決まったら、すぐ辞めるんだろう」と先入観から決めつけられたことにショックを受けたのです。

また、周りの人たちの自分を見る目も気になってしょうがなくなったのです。

しかし、しばらく悩んだ末、彼女は思い直しました。

周りの人たちにどう見られているにしても、「自分の行動で真実を示すしかない」と、上手に開き直ったのです。

その後、彼女は一生懸命に仕事をし、結婚してからも退職することなく仕事を続け、すばらしい実績も残しました。

その結果、彼女は社内で高い評価を受け、管理職になったのです。

先入観から決めつけられ、そのために周りの人たちの目が気になってしょうがないという時には、この女性のように「行動で示すしかない」と開き直るのも一つの方法です。

9 失敗よりも「人がどう思うか」が怖ろしい

トラベルミステリー小説で活躍した人物に、西村京太郎がいます。

この西村京太郎は、

「人間、どこかで、何とかなるサって開き直ることが大切だ。リスクなんて考えてたら、結局は何もできない」

と述べました。

彼は、「人生では、いい意味で開き直ることが大切だ」ということについて述べています。

そして、「リスクを考えていたら、何もできない」と指摘するのです。

そういう意味では、「人の目を気にしすぎる」という人は、ある意味で「リスクについて考えすぎる」という人でもあるのかもしれません。

「うまくいかなかったら、周りの人たちに軽蔑されるかもしれない」

「もし失敗したら、知り合いたちからどんな目で見られるだろうか」

そのようにしてリスクについて考えているうちに、だんだんと恐怖心が増していき、結局は「何もできない」ままに終わる、という場合があるのです。

ただし、よく考えてみれば、このタイプの人たちがリスクとして想定していることは「失敗すること」それ自体ではありません。

失敗した後に「周りの人たちから、どう見られるか」ということのほうが、このタイプの人たちにとってはリスクなのです。

とは言え、この「周りの人の目を気にする」ほうが、実は、厄介なのです。

その恐怖心のほうが、ずっと強くその人の意欲を奪うことが多いからです。

では、その「周りの人たちから、どう見られるか」という恐怖心を克服するためにどうすればいいかと言えば、それはもう「人からどう思われたっていい」と、いい意味で開き直ることしかないのです。

いい意味で、上手に開き直ってこそ、強い行動力が生まれます。

前向きに、また、積極的にチャレンジできます。

そして、「人からどう思われたっていい」と、いい意味で開き直っていれば、たとえそのチャレンジに失敗したとしても、

「いい経験をした。この経験を生かして、次にがんばろう」

と、上手に気持ちを切り替えることもできるのです。

第7章

〝楽天的〟になれる
たった1つの習慣

1 楽天的になるとうまくいく

会社のような競争社会の中では、多くの人が社内的に「高く評価されたい」という気持ちを持つようです。

高く評価されてこそ、いい仕事を与えてもらえますし、また、出世もできます。

そのような環境の中では、人はどうしても「他人の目が気になってしょうがない」という心境にさせられると思います。

「上司は、私の働きぶりをどう見ているのか。社長は私をどう見ているのか」

「同僚たちは私の存在をどう感じ、どう見ているのだろうか」

といった具合です。

「他人の目」を、いつも気にしながら仕事をしている人も多いでしょう。

しかし、他人が自分をどう見ているか、どう評価しているか、ということは、その本人からはよくわかりません。

他人が心の中で何を考えているかはわからないのです。

人というのは、必ずしも心の中で思っていることを正直に口に出して言うわけではありません。

「よくがんばっているね。頼もしいね」と口では言っておきながら、心の中では本当は「もっとがんばれるだろう？　手抜きをしているんじゃないか？　頼りにならない人間だなあ」と思っているかもしれません。

ですから、「この人はホンネではどう考えているのだろうか？」と、ますます気になってくるのです。

しかし、他人の目を気にするあまり、肝心の自分の仕事が疎かになる、ということもあるようです。

いい仕事をしてこそ高い評価を得られるというのに、他人の目を気にするあまりそれができなくなるのは残念なことです。

そうならないためには、ある意味、「他人からどう見られてもいい。自分は自分の仕事をたんたんとやっていくだけだ」と、開き直って考えることも必要ではないでしょうか。

そう楽天的に考えることで、むしろ自分の仕事に集中できるからです。

2 中間管理職ほど「楽天的」が力になる

「板挟《ばさ》み」という言葉があります。

部長や課長といった会社の中間管理職について、よく用いられる言葉です。

社長や専務など上層部の「こういう方針でいくから、よろしく」という要請と、一方で部下たちからの「こういう方向で仕事をしていきたい」という要望が対立するような時、その間に立って「こちらを立てれば、こちらが立たず」という状態になり思い悩むことが多い、という意味を表しています。

言い換えれば、この中間管理職という立場は、「社長をはじめとした上層部から自分がどう見られているか」ということと、「部下たちから自分がどう見られているか」ということを二重の意味で気にしていると言えます。

しかも、上層部によく見られようと思えば、部下たちから嫌われることをしなければならなかったり、部下たちから好かれようと思えば、上層部から睨《にら》まれることをしなければならないことになります。

そういう意味でも、中間管理職は板挟みに置かれがちです。

従って、いつも強いストレスにさらされているとも言えます。

そういう意味で言えば、少しでもストレスを軽減するために、中間管理職にある人は、できるだけ楽天的に物事を考えるように心がけるほうがいいと思います。

そのために「社長や専務によく見られたい」「部下たちによく見られたい」という気持ちを少し弱めるほうがいいと思います。

他人の目をできるだけ気にせず、まずは自分がやるべき仕事をたんたんと進めていくことに専念するのです。

管理職といっても、今の中間管理職はプレイング・マネージャーと言って、みずから現場に立ちながら部下たちを引っ張っていくという立場に立つことが多いようです。

ですから、まずはその「現場の仕事」に専念するのです。

みずから先頭に立って現場で汗を流す姿を見せれば、自然に部下から尊敬されるでしょうし、上層部も評価してくれるのではないでしょうか。

3 「愛する存在」で気にならなくなる心理

ある化粧品会社でマネージャーに昇進した女性がいました。

昇進をきっかけに、彼女は一層仕事に励んで、ステップアップしていきたい、という情熱を持ちました。

それは良いことなのですが、それに伴って、他人の目が気になるようになりました。

「社長から自分がどう見られているか」「部下たちからどう思われているか」「お客さんや取引先から、自分はどう評価されているのか」といったことです。

とにかく周りの人たちから良く見られ、高く評価してもらわないと、さらなるステップアップも望めないからです。しかし、他人の目が気になるということが強いストレスとなって心に重い負担になっていたのです。

しかし、あることをきっかけに、他人の目が気にならないようになりました。

そのきっかけとは、妊娠と出産でした。

彼女は子供を産んでからも、職場に復帰し仕事を続けました。

仕事に、保育園への送り迎え、そして家事と育児……と、目の回るほどの忙しさになったのですが、とにかくやるべきことを一つ一つ夢中になってこなしていくうちに、周りの人たちから自分がどう見られているかということが、気にかからなくなったのです。

忙しいので、それを気にしている余裕もなくなったというのが正しいのかもしれません。

そして、もう一つには、心から愛する我が子ができた、ということでした。

心から愛する存在ができたことで、他人から自分がどう見られているかということがあまり気にならなくなったのです。

「たとえ自分を悪く思っている人がいたとしても、私には愛するこの子がいる」と思うことが彼女に大きな安心感をもたらしたのでしょう。

また、彼女を、いい意味で楽天的にしたと思います。

大切なことは、「自分がやるべきことに夢中になる」ということと、「心から愛することができる存在を持つ」ということなのです。

4 人生の真の喜びとは

アメリカで、家庭教育コンサルタントとして活躍した女性に、ドロシー・ロー・ノルト（20〜21世紀）がいます。

彼女は、

「いつの時代も変わらぬ幸福感とは何か。それは愛である。人を愛し愛されることは、人間にとって一番大切なことだ。私たちは人を愛するとき、人生の真の喜びを感じる。愛ほど強く大きな幸福感は他にはない」

と述べました。

恋人やパートナー、子供など、心から愛する存在ができると、その人は「大きな幸福感」に包まれます。

その幸福感が、その人を楽天的な気持ちにもしてくれます。

ですから、「それまでは他人の目が気になってばかりいたが、出産してから、他人の目が気にならなくなった」という女性もいるでしょう。

心から愛することができる存在の誕生が、大きな幸福感をもたらし、「他人から自分がどう思われているか」ということについても楽天的に考えられるようになるのです。

そういう意味では、「愛する人」を持つことは、とても大切なことなのです。

男性であっても、愛する恋人、愛する妻、愛する子ができたことをきっかけにして、「他人の目がそれほど気にならなくなった」という経験を持つ人は多いのではないでしょうか。

「愛する人」とは、言い換えれば、「自分の心の支えになってくれる存在」ということだと思います。

心理学では、身近に、そのような心の支えになってくれる人がいる人は、ストレスが軽減される、ということもわかっています。

心から愛することができる存在が、その人の心の支えとなって、「他人から悪く見られることがあっても、私はだいじょうぶだ」と、楽天的に考えることを可能にするのです。

従って、今身近に心から愛せる人がいたならば、これからもずっと、その人との関係を大切にしていくことが大切です。

5 まじめな性格の人ほど「気になる」のはなぜか

「人の目が気になる」という人には、まじめな性格の人が多いようです。

しかし、そのことが原因で、がんばりすぎてダウンする人もいます。


ある会社で働く女性は、とてもまじめな性格です。

そして、人の目を気にするタイプでもあるのです。そのために職場では、

「周りの人たちから不真面目な社員だと思われたくない」

「上司や同僚たちから、『あの人は人一倍よく働く人だ』と思われたい」

という意識がいつも働いているのです。

その結果、残っている仕事があれば夜遅くまで残業し、また、休日も自宅に仕事を持ち帰って仕事をしていることがよくありました。

そして、どんどん仕事一辺倒の生活になり、ゆっくり休んだり、プライベートの時間を

楽しむという余裕がなくなっていきました。

そして、とうとう、体調を壊してしまったのです。

そんな彼女は、それまでの生活を反省しました。

もちろん、まじめに働く姿勢を持つことは続けました。

しかし、必要以上に、自分が周りの人たちからどう見られているかということを気にしないように心がけるようにしました。

「周りの人たちからの評価が多少低くなっても、自分が自分の仕事のやり方に満足できれば、それでいい」と楽観的に考えるようにしたのです。

そうすると、気持ちがとても楽になりました。

残業も減り、自宅に仕事を持ち帰ることもやめました。

ゆっくり休養したり、プライベートの時間を楽しむ心の余裕も生まれ、バランスも良くなりました。

それが幸いしたのか、仕事への意欲や集中力は以前よりも増したと言います。

まじめな人ほど、この事例の女性のように、「人の目をあまり気にしない」ということを心がけると楽になります。

6 「電話が苦手」な理由

「職場の自分のデスクで電話をできず、廊下に出て行って携帯電話で話をする」という人がいます。

デスクでは「周りの人たちの目」があるけれども、廊下であればだれにも見られず、だれにも話の内容を聞かれず電話をできるからなのです。

特に、何かトラブルを起こして取引先に謝罪しなければならない時や、お客さんからのクレームに対処するような時は、こそこそと廊下へ出て行って話をする、ということがあるようです。

しかし、どのような仕事であれ、仕事ではトラブルがよく起こります。

電話で誰かに「すみません」と謝らなければならない場面も多くあるでしょう。

その度に、こそこそと廊下へ出て行くのでは、かえって周りの人たちにヘンに思われることになるのではないでしょうか。

トラブルを上手に処理できることも、「仕事ができる人」になるための条件の一つなのです。

電話口で、毅然とした態度で「すみません」と謝り、その解決策を相手に明瞭に説明し、納得を得ることができれば、その様子を見ている人たちは、「あの人は仕事ができる。大したものだ」と、高く評価することになるのです。

そういう意味で言えば、**電話で謝罪したりトラブル処理をすることは、決して「恥ずかしいこと」ではなく、むしろ社内での評価をアップさせるための「チャンス」なのです。**

そして、そのチャンスを上手に生かしていけば、仕事で成功し出世していくこともできるのではないでしょうか。

そのように楽天的に考えることができれば、廊下へ出て行って誰も見ていないところで電話するということもなくなるでしょう。

職場で、もっと堂々とした態度で、自分に自信を持って仕事をできるようになると思います。

7 もし「上から目線」と言われたら？

他人から思いがけないことを言われて、ショックを受けることがあると思います。

そして、そのことがきっかけで、他人の目が気になってしょうがない、という状態になる場合があるでしょう。しかし、このようなケースでも、「楽天的に発想を転換する」ということで、他人の目が気にならなくなる、ということがあります。

ある若い男性には、次のような経験があると言います。

彼はある日知り合いから、「君みたいに上から目線で話す人は、話していて嫌な感じがするね」と言われたのです。

しかし彼は、それまで自分が「上から目線で話している」ということをまったく気づいてはいませんでした。これまでにたくさんの人たちに、そんな「嫌な感じ」を与えてきたのかと思うと自己嫌悪にも陥《おちい》りました。

また、誰かに会って話をしている時、「また上から目線で話していないか」ということが気になるようになりました。

つまり、相手が自分をどう見ているか、ということが気になるようになったのです。

そのために、人と会うのが怖くなってきました。

このままではいけないと感じた彼は、楽天的に発想の転換をすることにしました。

それは、「確かに僕は、上から目線で話すクセがあるのかもしれない。しかし、それは自分の意見を堂々と話している証でもあるはずだ。そんな自分に自信を持っていこう。そうすれば明るい未来が開けるはずだ」と考えることにしたのです。

その結果、気持ちが楽になり、人に会うのも怖くなくなりました。

また、人と会っている時、相手が自分をどう見ているかということも、あまり気にならなくなったのです。

このように楽天の発想をすることで、後ろ向きだった気持ちが前向きになることがあります。

その結果、それまで気になってしょうがなかったことが、「気にならなくなる」ものなのです。

8 欠点と長所は表裏一体

西洋の格言に、

「盾《たて》の両面を見よ」

というものがあります。

この言葉にある「盾」とは、武具の一つで、敵の刀や弓矢を防ぐための板状の道具です。盾には、表と裏があります。この格言は、その「表と裏の両面を見なさい」ということを指摘しています。この場合、「盾」ということ自体には、あまり意味はありません。「表と裏がある」ということを示しているにすぎません。

この格言は、「あらゆる物事には、表の意味と、裏の意味がある。その両面を見なければ、正しい判断はできない」ということを指摘しています。

たとえば、ある人は、知り合いから、「あなたズケズケとものを言う人だな。失礼じゃないか」と非難された経験があると言います。

彼は、確かに自分には、はっきりとものを言うところがあると気づいていましたが、それが相手にとって「失礼」と受け止められているとは考えていませんでした。

そのため、そう言われたことがショックで、それ以来、人と話をするときには、相手が自分をどう見ているかが気になるようになりました。

とは言え、「はっきりものを言う」「ズケズケとものを言う」のが「失礼だ」というのは、表と裏の「裏の意味」にすぎないのであって、そこには「表の意味」もあります。

現に、「あなたは、はっきりものを言ってくれるから、本音でつきあっていける。いい友達になれそうだ」と言ってくれる人もいるでしょう。

そのような「表の意味」も同時に見ておかないと、物事を正しく判断することはできないのです。

また、そんなポジティブな「表の意味」が見つかれば、気持ちが楽天的になり、自分の性格的な問題によって他人の目が気になるということもなくなるのではないでしょうか。

9 うまくいかない時こそ楽天的に考える

ある不幸な経験をすることがきっかけになって、「他人の目が気になる」という精神状態になることがあります。


ある男性は、勤めていた会社をリストラされる、という経験をしました。

もちろん彼にとっては、それはとてもショックな出来事でした。

そして、それからというもの、他人の目が気になるようになったと言います。

たとえば、再就職先を探すためにハローワークに通うようになりましたが、その担当者から「なんてかわいそうな人なんだろう」といった目で見られているように思えてくるのです。もちろんその担当者が実際に、そのような目をしていたわけではないと思いますが、そのように憐《あわ》れむような目で見られているような気がしてくるのです。

そして、周りの人たちが、「あの人は、会社をリストラされたダメな人間だ」と、自分を軽蔑するような目で見ているような気がしてくるのです。

もちろん周りの人たちは、彼がどこのだれかなど知らないのですが、そんな目で見られているような気がしてきてしょうがないのです。

そこで彼は楽天的に発想を変えました。

「この機会に、新しい人生のスタートを切れるんじゃないか。これからは、もっと素晴らしい、自分らしい生き方ができるんだ。そういう意味では、会社をリストラされるのも悪いことじゃなかった」と、楽天的に考えるように努めたのです。

その結果、だんだんと気持ちが楽になり、自分の人生を前向きに考えられるようになりました。

そして、周りの人たちの目も気にならなくなったと言います。むしろ、周りの人たちが、自分を応援しているような目で見ているようにさえ思えてきました。

このように気持ちが前向きになったことが幸いして、いい再就職先も見つかりました。

他人の目を気にして、自分はなんてダメな人間なんだと嘆いているだけでは、人生は好転しないのです。

10 叱られたことをプラスに考える

職場のみんなが見ている前で、上司から「何をしているんだ」と手厳しく叱られたりすれば、それ以降、叱られた本人とすれば、同僚たちの目が気になってしょうがなくなります。

同僚たちが見ているところで、恥をかかされたからです。

同僚たちが、

「仕事ができない人だなあ。あんなつまらないミスをするなんて、やる気がないんじゃないか。仕事に集中していないんじゃないか」

「あの人は、上司に目をつけられたようだ。あの人とつきあっていると、自分まで評価が下がるかもしれないから、あまり話をするのはやめよう」

と、そんな目で見ているような気がしてきて、とても惨めな気持ちになってしまいます。

しかし、そのままの状態で、同僚たちの目を気にして落ち込んでいるのでは、立ち直ることはできません。

同僚たちの前でも、ふたたび元気に振る舞うこともできません。

それでは、その人自身の明るい未来も開けないでしょう。

そこで大切になってくるのは、「楽天的な発想をする」ということです。

たとえば、つまらないミスをして上司に叱られたことを、

「これで、たるんだ気持ちに気合が入った。明日からは気合を入れて仕事に励める。そういう意味では、今、上司から叱ってもらって良かった」

「この機会に、自分の仕事のやり方を総点検してみよう。そうすれば、また同じような、つまらないミスを繰り返すことはないだろう。自分の仕事を点検する、いい機会になったと考えよう」

といったように楽天的に考えてみれば、気持ちが前向きになります。

「みんなの前で恥をかいた」という気持ちも消え去っていくでしょう。

それに伴って、同僚たちの自分を見る目も、それほど気にならなくなるのです。周りの人たちの目を気にすることなく、自分がやらなければならない仕事に集中できるようにもなっていきます。

第8章

よけいな敵をつくらないコツ

1 必要以上に敵視しない

身近なところに、自分が敵視する相手がいたとします。

そのような時、人は往々にして、「相手からも敵視されている」と感じるようです。

自分が敵視する相手から、自分も敵として見なされているように思えてくるものなのです。

だからこそ、自分が先に相手を打倒しないとならないと考えます。

そして、周囲に、自分が敵視している相手の悪口を言いふらしたりするのです。

しかし、そのようなことをしても決していいことはないでしょう。

相手も負けじと、自分の悪口を言いふらすことになるかもしれないからです。

そして、果てしのない誹謗中傷《ひぼうちゅうしょう》合戦になれば、自分も相当の傷を負うことにもなるのです。

イギリスの劇作家であるウィリアム・シェイクスピア（16～17世紀）は、

「敵のため火を吹けば、加熱しすぎて自分が火傷《やけど》する」

と述べました。

この言葉にある「敵のため火を吹く」とは、いろいろな意味に解釈できると思いますが、たとえば、「敵視する相手の悪口を言う」ということです。

そうするとお互いに熱くなって、相手からも悪口を言われて自分も嫌な思いをします。

それをシェイクスピアは、「自分が火傷する」という言葉で表現したと思います。

ではどうすればいいのかと言えば、それは「敵のため火を吹かない」、つまり「悪口を言わない」ということです。

いや、それよりも、そもそも仕事や恋のライバルだからといって、その相手をむやみに「敵視しない」ということが大切です。

「あいつは自分をどう見ているか、敵視しているのではないか」と考えるよりも、まずは、自分が相手を敵視するのをやめることです。

そうすれば、相手の悪口を言うこともありません。

誹謗中傷合戦で、お互いに傷つけあうこともないのです。

2 「見下されている」と感じるとき

人は、往々にして、ライバル視している相手のことが気になってしょうがない……という状態になることがあるようです。

たとえば、同じ職場に、ライバル視する同僚がいたとします。

すると、その同僚が今、どんな仕事をしているのか、どの程度の業績をあげているのか、上司からどう評価されているのか、取引先の評判はどうか、今後どんな仕事を企画しているのか……といったことが気にかかるのです。

一方で、そのライバルから自分がどう見られているかも同時に気になる……という人もいます。

自分を見下しているように思えて、自分をバカにしているように感じてイライラしてきたりする……という人もいるのです。

しかし、そう思えてくるのは、自分が遅れを取っていると感じている証なのでしょう。

また、それでは、いい関係とは言えません。

社内での争いでは、自分が優勢に立つこともあるでしょう。

反対に、先を越されることもあります。

競争というものは何でもそうだと思いますが、勝ったり負けたりです。

問題は、劣勢に立たされている時です。

その際に、「見下されているように思う」というのは、あまりいい精神状態とは言えないと思います。

ポジティブな人は、劣勢に立たされている時であっても、見下されているとは思いません。

「負けないように、もっとがんばろう」と、さらなる発奮材料にすることができるのです。

また、劣勢にある時であっても、そのようにポジティブに考えることができてこそ、それは「いいライバル関係」だと言えるのでしょう。

3 嫉妬されたときのポイント

プロレスの世界で活躍した人物がいます。

彼がまだ若く、プロレスの世界ではあまり有名ではなかった頃の話です。

もともとすぐれた能力を持ち、また、人一倍努力家であった彼は、たちまち頭角《とうかく》を現しました。

また、技《わざ》は華やかで、エンターテインメント性もあったので、人気も急に高まりました。

すると、その活躍を嫉妬する人が現れ始めたのです。

その人たちは、嫉妬心から彼を敵視しました。

しかし、彼自身は、「オレは今までいろんな選手に敵対視されてターゲットにされてきた。しかし、オレはだれも敵として意識したことはない」という意味のことを語っていたのです。

もちろん彼としても、自分を敵として見なしてくる人たちの敵意のこもった目は気になったと思います。

しかし彼には、一緒にプロレスを盛り上げていく「仲間」だという意識が強かったのです。

ですから、敵対視する気持ちがなかったのです。

また、お互いに敵として足の引っ張り合いをするよりも、まずは自分がやるべきことにベストを尽くすほうが大事だ、という思いもあったのでしょう。

結局、その後、プロレス界で生き残り、スター選手へと駆けのぼっていったのは、彼のほうでした。彼を敵視した人たちは、ほとんどが途中で挫折していったのです。

一般の会社などでも同じだと思いますが、誰かが活躍している様子に嫉妬し、敵対視して追い落とそうとする人は、途中で挫折していくものなのです。

周りの人たちから敵対視されることがあっても、あまり気にせずに、自分がやるべきことを着実に行っていける人が最後まで生き残っていけるのです。

そのことを理解できれば、むやみに人と敵対視することもないでしょうし、仮に自分が敵対視されても気にしないでいられると思います。

4 素直に学び、自分の成長につなげる

プロ野球の世界で長年活躍した人物に、星野仙一《せんいち》がいます。彼は、「**ライバルに優れた点があれば、率直に認め、学び、吸収することが大切だ**（意訳）」と述べました。

野球などスポーツの世界は勝敗を争いますから、選手同士の間で強いライバル意識が生じやすい環境だとも言えるのでしょう。

対戦相手へもありますし、同じチームの中でもあります。

そのような熾烈《しれつ》な争いの中で、自分のライバルを敵対視し、優れた点をつぶしてやろう、と考える人も現れてくるようです。

邪魔をしたり、悪口を言ったりして、優れた点をつぶそうとするのです。

しかし、そんなことをしても良いことは何もないのです。

その人自身、ライバルを倒すことに夢中になりすぎて、自分がやるべきことが疎かにな

ってしまいます。そのために自分自身の優れたところがどんどんダメになっていくだけなのです。

そんな残念なことにならないために、星野仙一は、「ライバルに優れた点があれば、率直に認め、学び、吸収することが大切だ」と指摘したと思います。

自分がどう見られているかといった、よけいなことに気を遣うことはありません。

相手の目など気にせずに、相手の優れた点を率直に認め、学び、吸収することだけに意識を集中させます。

それが、いい意味で、自分自身を成長させていく、ということにつながります。

主眼を「どうすれば自分が成長できるか」という点に置くことが大切です。

そうすれば、ライバルをむやみに敵対視することが無意味であることがわかりますし、他人の目を気にしすぎることも無益であると理解できると思います。

5 人の短所を探してしまうとき

人は自分が成長している時は、「ライバルの長所」を知りたいと思います。

そして、その長所を自分も取り入れて、さらに成長していきたいという意欲を持つのです。

それは、言い換えれば、「良いライバル意識」と言えます。

お互いに切磋琢磨《せっさたくま》して、高め合っていく関係だからです。

一方で、自分が成長していない時には、往々にして、「ライバルの欠点」を知りたくなるものなのです。

欠点を探し出し、相手を見下して優越感に浸《ひた》りたいと思うのです。

それは、「悪いライバル意識」と言えるでしょう。

前向きな意欲は何も生まれてはこないからです。

そして、相手から自分がどう見られているかが気になり始め、自分の欠点を探られているようにも思えてきます。

そのために心を乱され、イライラが止まらなくなったりします。

もし、今、自分が相手の欠点を探すことばかりに熱中し、また、その相手の自分を見る目が気になってしょうがない、ということであれば、それは「自分が成長できていない証」なのです。

そのような時は、まずはその相手の存在を忘れ、自分が成長することに専念することが大切です。

その相手から自分がどう見られているかということも考えずに、自分が成長することだけに意識を集中し、そのための努力をするのです。

そして、自分がふたたび成長することができれば、今度は、相手の長所を知りたいという気持ちが芽生えてきます。

ライバルの存在は、そのように、自分が成長しているか、それとも成長していないかがわかる一つの判断基準にもなります。

6 グループ同士で争いそうになったら

人が多く集まる場所、たとえば学校でも、友人同士の集まりでも、あるいは、会社のような場所でも、そこには必ずと言っていいほどグループが生まれます。

そして、そこにいくつかのグループがあれば、人は、自分もどこかのグループに所属したいと思います。

これを、心理学では、「帰属意識」と言います。

どこかのグループの一員になることで、精神的な安心感を得たい……という心理傾向が、人にはあるのです。

もちろん、そのような帰属意識を持つこと自体は悪いことではありません。

確かに、身近なところに、自分の仲間と呼べる人たちがたくさんいることは、その人の精神的な安心感につながるからです。

また、そのグループ内で行われる情報交換などから、今後の自分の成長につながる貴重な情報を得られる機会もあるでしょう。

しかし、一方で、グループ同士の主導権争いが激しくなっていく場合もあります。

そのようなグループ同士の争いも、学校でも友人同士の集まりの中でも会社でも、よく見られる光景だと思います。

とはいえ、このようにグループ同士の争いが激しくなっていくのは、あまり良いことではありません。

会社などでは、業績を大きく落としたり、倒産までいく原因の一つは、この「グループ同士の争い」があると言われています。

敵対するグループから自分たちがどう見られているのかを気にして、相手をどうやってやっつけるかに気を取られてばかりいるので、肝心の、会社の業績をどうやって伸ばしていくかを考え実践していく努力が二の次になるのです。

そのために、業績が落ち、ついには倒産という状況にまで追い込まれていくことにもなります。

そのような無益なグループ同士の争いを避けるためには、「違うグループから自分たちがどう見られているかを気にしない」という意識を持つことが大切です。

7 「仲間はずれにされる？」と意識しすぎない

友人同士や会社などで、あるグループに所属すると、違ったグループから自分たちがどう見られているかが気にかかるようになります。

それと同時に、自分が所属するグループの、いわば仲間たちから自分がどう見られているかも気にかかるようになります。

自分の所属するグループの中で、仲間外れにされるようなことになったら大変だ……という気持ちが働くのです。

ですから、同じグループの仲間たちから「自分は受け入れられているか」「もしかして、みんなから邪魔者だと思われていないか」ということをいつも気にするのです。

しかし、そのような意識は、その人にとっては強いストレスになります。

そういう意味では、心理学で言う、グループへの「帰属意識」というものは、あまり強く持たないほうがいいのかもしれません。

グループ意識が強すぎると、「グループ＝自分」という精神構造になります。

グループと自分というものが一体化するのです。

そのために、もしもそのグループで仲間外れにされるようなことがあると、自分という人間のすべてが否定されるように思えてきて、非常に不安になります。

そのために、グループの仲間たちに自分がどう見られているかということがよけいに気にかかるようになります。そのストレスが増すのです。


従って、**あるグループに所属するにしても、そのグループからは距離を取ってつきあっていくよう心がけるほうがいいと思います。**

そのグループにどっぷり浸《つ》かりきって、グループと一体化するのではなく、少し距離を置いて、「グループの動向にかかわらず、自分は自分がやるべきことを見失わずにやっていくだけだ」という意識を持っておくのです。

そうすることで、同じグループに所属する仲間から自分がどう見られているかということも、あまり気にかからなくなるでしょう。

8

「わが道を行く」生き方もある

グループにまつわるストレスがあまりに過重に感じられる時には、あえて「どのグループにも所属しない」ということを選択するのも一つの生き方だと思います。

そもそも「成功者は群れない」と言う人もいます。

「群れない」とは、「どのようなグループにも属さない」と言い換えてもいいでしょう。

どんなグループにも属さず、群れないからこそ、その人は個性的でいられます。

周りの目に振り回されることなく、自分の目標に向かって精力的に前進していけます。

このような生き方を貫くためには、一つの覚悟が必要になってくるように思います。

それは、周りの人たちからどう見られようが、どう言われようが、あまり気にしない

……という覚悟です。

どこのグループにも所属していない分、ある意味、立場が弱いとも言えます。

そのために周りの人たち、特にグループに所属している人たちから時に悪く見なされ、

悪口を言われることもあるでしょう。

しかし、そのようなことがあっても、「私はそんなことは気にしない。私の信じる道を行くだけだ」という強い覚悟を持つことが必要です。

そのような覚悟さえあれば、どのようなグループにも属さずに生きていく方法もあると思います。

明治維新の英雄に、坂本龍馬がいます。彼は武士でしたが、自分が所属していた藩から脱藩しました。

まさに「群れない」という個性的な人生で成功した人物だと思います。

この坂本龍馬は、

「世の人は我を何とでも言え、我がなすことは我のみぞ知る」

と述べました。

この言葉にある「世の人は我を何とでも言え」とは、「周りの人からどう見られても、どう言われても気にしない」という、坂本龍馬の覚悟を示していると思います。

そして、「我がなすことは我のみぞ知る」とは、「自分の信じることを貫いていくだけだ」という、彼の生き方を表しています。

9 毅然とした態度を取ればいい

イソップ物語に、「卑怯《ひきょう》なコウモリ」という話があります。

昔、陸上で暮らす獣《けもの》の一族と、空を飛ぶ鳥の一族が戦争をしました。

その様子を見ている一羽のコウモリがいました。

このコウモリは、獣の軍隊がやって来ると、「私は全身が毛皮で覆《おお》われていて、口には牙《きば》が生えています。だから、獣の仲間です」と言いました。

一方で、鳥の軍隊がやって来ると、「私は羽があるから、鳥の仲間です。つまり、あなた方の仲間です」と言いました。このようにして双方から気に入られようとしました。

やがて、獣の軍団と、鳥の軍団は和解しました。

双方に気に入られようと、調子のいいことばかり言っていたコウモリは、獣からも鳥からも嫌われて迫害されるようになりました。

やがて暗い洞窟の中へ追いやられ、昼間は洞窟の中で過ごし、夜だけ洞窟の外へ出て、飛んでエサを探すようになりました。

この話は、敵対する二つの勢力があった時、調子よく双方から気に入られようと振る舞っていると、双方から相手にされなくなって孤立することがよくある、ということを示しています。

人間社会でも、同じようなことがあるものです。

たとえば、職場で、二つのグループが対立することがあります。

そのような状況で、双方のグループから気に入られようと、一方のグループの人の前では「私はあなた方の味方です」と言い、もう一方のグループの人と一緒にいる時には「私はあなた方に味方します」と言う人がいます。

このようにして双方から気に入られようとする調子のいい人は、その双方の人たちから見限られて、結局は誰からも相手にされなくなる、ということがあります。

では、どうすればいいのでしょうか。

下手に気に入られようと思うのではなく、

「私はグループ同士の争いのような無益なことはしない。私はどちらにも味方しない。私は自分がやるべき仕事に全力を尽くすだけだ」

という毅然とした態度を示すことではないでしょうか。

第9章

「ありのままの自分」がいちばん強い

1 賢者のように振る舞う愚か者とは

仏教の創始者であるブッダが生きていた当時のありのままの言葉を載せていると言われる原始仏教の経典に「法句経《ほっくきょう》」があります。

その中に、次のようなブッダの言葉があります。

「愚かな者がみずからを愚かと知るならば、すなわち賢者である。愚かな者でありながら、みずからを賢者と思えば、彼こそ愚か者と呼ばれる」

この言葉にある「愚かな者がみずからを愚かと知る」とは、言い換えれば、「ありのままの自分を受け入れる」ということです。自分にダメなところ、弱いところがあったとしても、それをありのまま受け入れて生きていく、ということです。

そのような人が「賢者である」と、ブッダは指摘しています。

「賢者」とは、「周りの人たちの目を気にして、振り回されて自分の生き方を見失うのではなく、自分の生き方を正しく、しっかりと実践していく人」という意味に理解できます。

一方で、「愚かな者でありながら、みずからを賢者と思う」とは、わかりやすく言えば、「虚栄心から見栄を張る」ということです。

自分にダメなところ、弱いところがあったとしても、それを認めることができず、周りの人たちの目を気にして見栄を張り、「私はすごい」と見せかけます。

そのような者こそ「愚か者」だと、ブッダは言うのです。

「愚か者」は、周りの人たちに「見栄を張って、背伸びをしているにすぎない」ということを見破られ、かえって軽蔑されるでしょう。

そして、周りの人たちの軽蔑の眼差しにさらされて、思い悩むことになるのです。

つまり、人間にとって正しく、また、幸せな生き方とは何かと言えば、それは「ありのままの自分を受け入れて、自分を飾ることなく自然な形で生きていくことだ」ということでしょう。

それは、一言に要約すれば、「人の目を気にしない」ということであるとも言えます。

2 「着飾ったカラス」は、どこかで恥をかく

イソップ物語に、「王様になりたかったカラス」という話があります。

古代ギリシャの全知全能の神であるゼウスが、ある時、もっとも美しい鳥を王様に決めることにしました。

そこで、場所と日にちと時間を決めて、「自分こそはもっとも美しい鳥だ」と自信があるものは、そこに集まるようお触《ふ》れを出しました。

その話を聞きつけた、一羽のカラスがいました。

そのカラスは虚栄心から、自分がぜひその王様になりたいと思いました。

しかしそのカラスは自分の体が黒一色であることを知っていました。

そこで美しく着飾るために、森の中を歩き回り、他の鳥たちの体から抜け落ちた美しい羽を拾い集めると、自分の体に貼《は》りつけました。

そして、ゼウスが指定した日時に、その場所に行きました。そこには、たくさんの鳥た

ちが集まっていました。

ゼウスは、色とりどりの羽をつけたカラスがもっとも美しいと感じ、王様にすると決めました。

すると、他の鳥たちが怒り出し、貼りつけてあった羽を引き抜き始めました。カラスは、たちまち元通りの黒一色の姿になりました。

ゼウスは驚いて、取り消しました。

この話は、虚栄心から見栄を張って、自分を実際以上の姿に見せかけようとしても、結局は周囲の者たちからその見栄を見破られ、元通りの姿が暴露される、ということを示しています。

実際の姿が暴露され恥ずかしい思いをするのであれば、初めから見栄など張らずに、ありのままの姿で生きていくほうが幸せだ、ということです。

「他人の目が気になってしょうがない」という人も、心のどこかに「自分を良く見せたい」という虚栄心が潜んでいるのかもしれません。

しかし、下手な虚栄心など持たず、ありのままの自分の姿を受け入れて、その姿のままに生きていくほうが賢明だと思います。

3 「忙しい」がログセになっていると……

心理学に、承認欲求という言葉があります。

「周りの人たちから良く思われたい。自分の存在を認めてもらいたい」という心理的な欲求を意味している言葉です。

これは誰にでもある自然な欲求なので、この欲求があるからといって問題が生じるわけではありません。

ただし、この欲求が強くなりすぎると、虚栄心となって悪い影響をもたらすこともあるようです。

たとえば、職場で「忙しい、忙しい」がログセになっている人がいます。

しかも、周りの人に聞こえるように、わざとらしく「ああ忙しい、まいったなあ」といった言葉を繰り返すのです。

しかし、よく考えてみれば、職場で「忙しい」のは、何もその人ばかりではないのです。

誰もがみな忙しく仕事をしているのです。

しかし、なぜその人だけが「忙しい」と、周りの人に聞こえるようにいつも口にするのかと言えば、そこには「よく思われたい。認められたい」という承認欲求が隠れていると思われます。

つまり、「私はこんなに忙しくしている」と周りの人たちにアピールして、それだけ自分がたくさんの仕事をこなしている、仕事ができる人間だということ認めてもらいたい、という虚栄心が働いているのです。

しかし、周りの人たちからは嫌がられるだけでしょう。

「これといった仕事がなくて暇な人間ほど、それを隠そうとして『忙しい、忙しい』って言うものなんだ」と、軽蔑の眼差しを向けてくる人もいるかもしれません。

そして、結局は、恥ずかしい思いをしなければならなくなります。

従って、そのような下手な虚栄心は捨てるほうが得策です。

そのほうが、ずっと楽な気持ちで生きていけます。

周りの人たちの目など気にせず、周りの人たちから良く見なされたいとは考えず、自分がやるべきことに専念するほうがいいと思います。

4 忙しすぎると不機嫌になっていく

「プライベートの時間を、人に会うことで埋め尽くすのが好きだ」という人がいます。

このようなタイプの人たちも、その深層心理には「虚栄心」が働いている場合があります。

手帳のスケジュール欄をビッシリと埋めることで、また、それを人に見せることで、「多くの友人がいて、慕われている」ということをアピールしたいのです。

一方で、人と会う予定が少なく、スケジュール欄がスカスカになっていると、周りの人たちから、「寂しい人間と見られるような気がして嫌だ」という思いもあるようです。

しかし、その虚栄心のためにクタクタに疲れることもあります。

もちろん友人と会って遊んだり、食事をしたり、あるいは恋人とデートすることは、楽しいことです。

いい気分転換になり、ストレス解消になります。

しかし、朝から晩まで人に会ってどこかに出かけているのでは、やはり心身ともに疲労感が溜まってきます。

しかも、それが毎日のようになると、もう心身ともにクタクタの状態になります。

そのために何かと不機嫌になったり、落ち込んだりする、という症状が出てきます。

そうなれば、一緒にいる相手に不快な印象を与え、友人たちはその人の周りからだんだんと離れていきます。

そして、多くの人から慕われるどころか、多くの人たちから嫌われる……ということにもなりかねないのです。

そういう意味では、虚栄心から人と会う予定をギッシリ入れるといったことはしないほうがいいと思います。

ゆとりがあるほうが、より充実感のある、幸せな生活を送っていけるでしょう。

5 話を最後まで聞かない人

「でもね〜」「いや、それは違う」「私は、そうは思わない。私が思うには〜」といった否定的な言葉で、相手の話の腰を折る人がいます。

とにかく、相手の話を最後まで聞けないのです。

相手の話を半分も聞かないまま、「でもね」「違う」と口を挟んで、自分の意見を述べ立てます。

これは、自己アピールの一つの方法です。このようなタイプの人も、周りの人の目を必要以上に気にする、虚栄心が強い人である場合があるようです。

ある男性も、「相手の話を途中でさえぎる」ということがよくある人です。

会議の席で部下の誰かが、「私の提案は、こういうものです」と発言すると、最後まで聞くことなく、途中で割って入って、「でもね、私はそうは思わない。読みがちょっと甘いな」と話の腰を折り、「私が思うには〜」と、自分の意見を長々としゃべり始めるのです。

こういったタイプの上司は、実は、「部下たちの目に、上司である自分がどう映っているか」ということを非常に気にしていることが多いようです。

実際の自分の実力以上に、「リーダーシップのある、仕事のできる上司」と見られたいという虚栄心も強いのです。

そんな心理傾向が、「相手の話を『でも、だが』という言葉で否定し、最後まで聞かずに自分の意見ばかりを述べ立てる」という話し方に現れます。

そうやって部下たちを無理やり自分の意見に従わせることで、リーダーシップのあるところや、仕事のできるところを見せようとするのです。

しかし、部下はそんな上司を尊敬するどころか、むしろ嫌になってしまうでしょう。

尊敬される上司になるためには、その虚栄心を少し弱めて、部下の話を最後までよく聞くようにするほうがいいと思います。

6 自分が目立つより相手を目立たせる

相手の話を途中で折り、相手を黙らせる形で自分の意見だけを言い聞かせる……というのは、ある意味、「力の誇示《こじ》」であると言えます。

上司の中には、そのように部下を黙らせて一方的に意見を述べ立てる人がいるものです。自分のほうが力があるということを見せつけることで部下たちから尊敬されるという思いもあるのでしょう。

しかしそれは、その上司の勝手な虚栄心を満たすだけの、ただの自己満足に過ぎません。

実際には、部下たちは尊敬することはないでしょう。

なぜなら、自分たちの意見を否定されたように感じるからです。

だれであれ、自分の意見や考え方を、話を最後まで聞くこともなく否定されたら、嫌な思いがします。

「虚栄心が強い上司」というのは、自己アピールだけに一生懸命になりすぎて、部下の気

持ちが見えていないのです。

尊敬される上司になりたいのであれば、「でも、だが」という言葉で否定するのではなく、「なるほど。確かに、その通りだね」という肯定的な言葉で、部下の話を最後まで聞いてあげることが大切です。

部下からどう見られているのかを気にして、自己アピールばかりに熱心になるのではなく、部下にこそ自己アピールさせてあげるのです。

そのような広い度量を持っている上司が尊敬され、また慕われます。

そういう意味から言えば、上司になった時には、「目立ちたい」という気持ちを少し抑えたほうがいいのかもしれません。

むしろ、部下を目立たせてあげる、ということを意識するほうがいいと思います。

そういう上司のほうが、部下に「この人についていきたい」という思いを抱かせます。

7

「かっこつける」ほど恥ずかしい失敗をする

上の立場にある人は、何かと、下にいる人たちから自分がどう見られているか、どう思われているかということが気にかかるものです。

たとえば、父親にとっての子供たちです。

子供たちの前では「強く頼もしい父親でありたい」「子供たちから憧れられる父親でありたい」と思う人も多いでしょう。

そのために、子供たちの前で、ちょっと張り切りすぎる父親もいるようです。

たとえば、ある父親は休日に子供たちと公園に遊びに行きました。

そこで子供たちが「駆けっこをしよう」と言い出しました。

子供たちの前で「かっこいいところを見せたい」と思ったその父親は、子供たちと駆けっこをし、全速力で走りました。しかし、もう若くはなかったこともあり、また、日頃の運動不足が災《わざわ》いして、足がもつれて転びました。

その姿を子供たちに笑われて、とても恥ずかしい思いをしたのです。

いずれにしても、下にいる人たちに「いいところを見せたい」という虚栄心から、あまり無理なことはしないほうが賢明なようです。

相手からどう見られているかなどあまり気にせずに、自分が今持っている実力の無理のない範囲でつきあっていくのがいいのではないでしょうか。

そうでないと、この事例の父親のように、子供たちの前で失敗して恥ずかしい思いをすることになります。

俳人として活躍した種田山頭火《たねださんとうか》（19～20世紀）がいます。山頭火は、

「**無理をするな、素直であれ。すべてがこの語句に尽きる、この心構えさえ失わなければ、人は人として十分に生きてゆける**」

と述べました。

人の目を気にして、虚栄心を張って無理なことをする……そんなことはせずに、自分の今の実力に従って生きていけば、その人は十分に幸せに生きていけるのです。

8 過去の自慢話をしたがる人の共通点

「過去の栄光」という言葉があります。

特に、現役を引退した人たちが、若い人たちに向かって、そんな「過去の栄光」と呼ばれるような自慢話をすることがあるようです。

たとえば、

「このヒット商品を企画したのは、実は私なんだ。山あり谷ありだったけれども、最後までやり遂げたんだ」

といった話をします。

そんな過去の栄光話をして、若い人たちから「それはすごいですねえ。さすがですねえ」と、ほめてもらいたいのではないでしょうか。

そんな「過去の栄光」をする人たちの心理にあるのも、ある種の虚栄心だと思います。

現在はこれといったやりがいのある仕事もなく、不本意な生活を送っていると、今の自分を周りの人たちはどう見ているのだろうか……ということも気になってしょうがないのでしょう。

特に若い人たちからは、もしかしたら軽蔑されているのではないかという不安もあって、そんな不安を打ち消すためにも、過去の栄光話をします。

しかし、過去の栄光話をしたからといって必ずしも若い人たちの称賛を得られるとは限りません。

むしろ、「そんな昔の話は、自分たちとは関係ない」と冷淡な態度を取られることもあるのではないでしょうか。

そうすれば、惨めな気持ちにさせられるでしょう。

過去の栄光話などするのではなく、周りの目など気にせずに、自分の人生を充実させることを考えたほうがいいと思います。

9 「無心の境地」になってみる

アメリカの牧師であるジョセフ・マーフィーは、

「本当の力、つまり潜在能力が発揮されるのは、虚栄心、見栄など一切の意識を取り去った時、すなわち裸の心になった時である（意訳）」

と述べました。

周りの人の目を気にして、虚栄心から自分がすぐれた人間であるように振る舞おうとする人がいます。

しかし、そのような「虚栄心から生まれる行動」では、そのフリをしているにすぎず、その人は持っている能力を存分に発揮することはできないのです。

ですから、マーフィーは、この言葉で、そんなつまらない「虚栄心や見栄などといった意識を一切取り去る」ように勧めています。

そして、そのような虚栄心や見栄といったものを捨て去って「裸の心になった時」、初めて、その人が持っている本当の実力を発揮できる、というのです。

この「裸の心になった時」とは、言い換えれば、ありのままの自分を受け入れて、そのありのままの姿でベストを尽くす、ということだと思います。

周りの人の目など気にせずに、今自分が持っている能力をすべて出し切ることだけに集中するのです。

その時、初めて、自分の能力を十分に発揮できるのです。

スポーツ選手などは、よく、「無心の境地になった時、本当の自分の能力を発揮できる」といった発言をします。

この「無心の境地」とは、言い換えれば、「周りの人からどう見られているか。どう思われるか」といった邪念をすべて捨て去る、という意味だと思います。

他人の目を意識せずに、とにかく自分が力を出し切るということだけに集中する、ということです。

スポーツの世界ばかりでなく、仕事でも、勉強でも、そのような「無心の境地」になってこそ、本当の実力を発揮できると思います。

他人の目を気にしている限り、雑念にとらわれているので、「無心の境地に」にはなりきっていないのです。

おわりに

いかがでしたでしょうか。

人は、人間関係の中で生きています。

人間関係というのは、相手にどう思われるかということですから、他人の目が気になるというのは、ある意味ではごく自然のことと言えるでしょう。

いっぽうで、人は他人のことばかり気にしていると、自分らしく生きられません。

両者のバランスをどうとっていくといいのか、本書がお役に立てば幸いです。

植西 聰

人生の活動源として

いま要求される新しい気運は、最も現実的な生々しい時代に吐息する大衆の活力と活動源である。

文明はすべてを合理化し、自主的精神はますます衰退に瀕し、自由は奪われようとしている今日、プレイブックスに課せられた役割と必要は広く新鮮な願いとなろう。

いわゆる知識人にもとめる書物は数多く窺うまでもない。

本刊行は、在来の観念類型を打破し、謂わば現代生活の機能に即する潤滑油として、逞しい生命を吹込もうとするものである。

われわれの現状は、埃りと騒音に紛れ、雑踏に苛まれ、あくせく追われる仕事に、日々の不安は健全な精神生活を妨げる圧迫感となり、まさに現実はストレス症状を呈している。

プレイブックスは、それらすべてのうっ積を吹きとばし、自由闊達な活動力を培養し、勇気と自信を生みだす最も楽しいシリーズたらんことを、われわれは鋭意貫かんとするものである。

—創始者のことば—　小澤和一

著者紹介

植西 聰〈うえにし あきら〉

東京都出身。著述家。学習院高等科・同大学卒業後、大手企業に勤務。独立後、人生論の研究に従事。独自の『成心学』理論を確立し、人々を明るく元気づける著述を開始。95年、「産業カウンセラー」(労働大臣認定資格)を取得。

著書に67万部のベストセラー『折れない心をつくる たった1つの習慣』、『自己肯定感を育てる たった1つの習慣』(いずれも青春新書プレイブックス)、『行動力のコツ』(自由国民社)などがある。

“他人《たにん》の目《め》”が気《き》にならなくなる
たった1つの習慣《しゅうかん》

青春新書 PLAYBOOKS

2020年1月25日 第1刷

著 者 植《うえ》西《にし》 聰《あきら》

発行者 小澤源太郎

責任編集 株式会社プライム涌光

電話 編集部 03(3203)2850

発行所 東京都新宿区若松町12番1号 〒162-0056 株式会社青春出版社

電話 営業部 03(3207)1916 振替番号 00190-7-98602

印刷・図書印刷 製本・フォーネット社

ISBN978-4-413-21158-1